上海市建筑标准设计

简支预应力混凝土小箱梁

DBJT 08-115-2021

图集号：2021 沪 Q001

跨　径：25m、30m、35m
斜交角：0°、15°、30°
荷　载：公路-Ⅰ级、公路-Ⅱ级、城-A 级、城-B 级

同济大学出版社

2024　上海

图书在版编目（CIP）数据

简支预应力混凝土小箱梁 / 上海市城市建设设计研究总院（集团）有限公司，上海市政工程设计研究总院（集团）有限公司，上海公路投资建设发展有限公司主编. -- 上海：同济大学出版社，2024.7
ISBN 978-7-5765-1186-4

Ⅰ.①简… Ⅱ.①上… ②上… ③上… Ⅲ.①预应力混凝土桥－箱梁桥－桥梁设计 Ⅳ.①U448.352.5

中国国家版本馆 CIP 数据核字（2024）第 110855 号

简支预应力混凝土小箱梁

上海市城市建设设计研究总院（集团）有限公司
上海市政工程设计研究总院（集团）有限公司　主编
上海公路投资建设发展有限公司

责任编辑	朱　勇
责任校对	徐春莲
封面设计	陈益平
出版发行	同济大学出版社　www.tongjipress.com.cn
	（地址：上海市四平路 1239 号　邮编：200092　电话：021-65985622）
经　　销	全国各地新华书店
印　　刷	常熟市华顺印刷有限公司
开　　本	787mm×1092mm　1/8
印　　张	12
字　　数	282 000
版　　次	2024 年 7 月第 1 版
印　　次	2024 年 7 月第 1 次印刷
书　　号	ISBN 978-7-5765-1186-4
定　　价	120.00 元

本书若有印装质量问题，请向本社发行部调换　　版权所有　侵权必究

上海市住房和城乡建设管理委员会文件

沪建标定〔2021〕739 号

上海市住房和城乡建设管理委员会
关于批准《简支预应力混凝土小箱梁》
为上海市建筑标准设计的通知

各有关单位：

　　由上海市城市建设设计研究总院（集团）有限公司、上海市政工程设计研究总院（集团）有限公司和上海公路投资建设发展有限公司主编的《简支预应力混凝土小箱梁》，经审核，现批准为上海市建筑标准设计，统一编号为 DBJT 08-115-2021，图集号为 2021 沪 Q001，自 2022 年 4 月 1 日起实施。原《简支预应力混凝土小箱梁》DBJT 08-115-2011，图集号 2011 沪 Q001 同时废止。

　　本标准设计由上海市住房和城乡建设管理委员会负责管理，上海市城市建设设计研究总院（集团）有限公司负责解释。

　　特此通知。

上海市住房和城乡建设管理委员会

2021 年 11 月 18 日

前 言

本图集依据上海市住房和城乡建设管理委员会《关于印发〈2019年上海市工程建设规范、建筑标准设计编制计划〉的通知》（沪建标定〔2018〕753号）的要求，在《简支预应力混凝土小箱梁》DBJT 08—115—2011 的基础上进行修编。

原图集自2011年颁布至今，在公路与市政工程建设中得到普遍应用，效果良好。因原图集编制时采用的《公路工程技术标准》《公路桥涵设计通用规范》《公路钢筋混凝土及预应力混凝土桥涵设计规范》等主要规范均已更新，故应对原图集进行修编。

本次修编过程中，广泛征求了设计、施工、建设、管理等有关单位和专家的意见，结合预制装配技术发展的需求，开展了多项专题研究（"窄缝湿接桥面板U形钢筋交叉连接接缝专题研究""中横隔板空间受力分析专题研究""梁端部位的设计和施工优化专题研究""边梁带防撞护栏整体预制专题研究"），对设计进行优化、改进与扩充，将工程实践的成功经验融合到图集修编中。

本次修编的图集由下列部分组成：

（1）编制说明：小箱梁设计依据及适用范围、主要技术指标、主要材料、设计要点及计算数据、施工要求等；

（2）计算结果：小箱梁验算图表；

（3）设计图纸：适用跨径25m、30m、35m小箱梁，桥梁宽度涵盖6.5~35.6m；

（4）附录A—D：分别为小箱梁支座垫块、横梁或横隔板钢筋连接、预应力深埋锚锚具、护栏与边梁整体预制的推荐方案。

与原图集区别的主要内容有：

（1）结构设计安全等级提升为一级，增加设计年限100年的要求；

（2）断面布置覆盖常用桥梁宽度；

（3）梁间桥面板厚度由原图集250~200mm变厚改为250mm等厚；

（4）根据新规范承载能力极限状态作用效应设计值提高要求，在断面底缘增加普通钢筋配置；

（5）增加U形钢筋交错构造的窄缝湿接桥面板设计；

（6）其他相关优化设计。

各单位及相关人员在本图集执行过程中，请注意总结经验，积累资料，并将有关意见和建议反馈至上海市交通委员会（地址：上海市世博村路300号1号楼；邮编：200125；E-mail: shjtbiaozhun@126.com），上海市城市建设设计研究（集团）总院有限公司（地址：上海市东方路3447号；邮编：200125；E-mail: weili@sucdri.com），上海市建筑建材业市场管理总站（地址：上海市小木桥路683号；邮编：200032；E-mail: shgcbz@163.com），以供今后修订时参考。

主 编 单 位：上海市城市建设设计研究（集团）总院有限公司
　　　　　　上海市政工程设计研究总院（集团）有限公司
　　　　　　上海公路投资建设发展有限公司
参 编 单 位：同济大学建筑设计研究院（集团）有限公司
　　　　　　上海浦东建筑设计研究院有限公司
　　　　　　上海申瓴建设工程审图有限公司
主要起草人：陆元春　卢永成　冀振龙　曹永勇　查义强　马韩江　刘经熠　袁慧玉　戴建国　张晨南　张大伟　马晓刚　金　峰　姜海西　吴建兵　张玉富　沙丽新
　　　　　　闫兴非　谢　涛　陈　玮　赵成栋　徐冬伟　戚泽远　张　强　袁胜峰　许　骏　卫张震　李逸之　刘　佳　刘　畅　王竹筠
主要审查人：钱寅泉　李国平　金仁兴　李申杰　马建荣　魏明明　朱　波

　　　　　　　　　　　　　　　　　　　　　　　　　　　　　　　　上海市建筑建材业市场管理总站

简支预应力混凝土小箱梁

批准部门：上海市住房和城乡建设管理委员会
主编单位：上海市城市建设设计研究总院（集团）有限公司
　　　　　上海市政工程设计研究总院（集团）有限公司
　　　　　上海公路投资建设发展有限公司
施行日期：2022 年 4 月 1 日

批准文号：沪建标定〔2021〕739 号
统一编号：DBJT 08-115-2021
图集号：2021 沪 Q001

主编单位负责人：
主编单位技术负责人：
技术审定人：
设计负责人：

目　录

编制说明	1~6
内力与应力验算汇总表（跨径25m中梁）设计荷载：公路-Ⅰ级、城-A级	7
内力与应力验算汇总表（跨径25m中梁）设计荷载：公路-Ⅱ级、城-B级	8
内力与应力验算汇总表（跨径25m边梁）设计荷载：公路-Ⅰ级、城-A级	9
内力与应力验算汇总表（跨径25m边梁）设计荷载：公路-Ⅱ级、城-B级	10
内力与应力验算汇总表（跨径30m中梁）设计荷载：公路-Ⅰ级、城-A级	11
内力与应力验算汇总表（跨径30m中梁）设计荷载：公路-Ⅱ级、城-B级	12
内力与应力验算汇总表（跨径30m边梁）设计荷载：公路-Ⅰ级、城-A级	13
内力与应力验算汇总表（跨径30m边梁）设计荷载：公路-Ⅱ级、城-B级	14
内力与应力验算汇总表（跨径35m中梁）设计荷载：公路-Ⅰ级、城-A级	15
内力与应力验算汇总表（跨径35m中梁）设计荷载：公路-Ⅱ级、城-B级	16
内力与应力验算汇总表（跨径35m边梁）设计荷载：公路-Ⅰ级、城-A级	17
内力与应力验算汇总表（跨径35m边梁）设计荷载：公路-Ⅱ级、城-B级	18

25m 预应力混凝土小箱梁

横断面布置图（公路-Ⅰ级、城-A级；公路-Ⅱ级、城-B级）	19
中梁外形尺寸图（公路-Ⅰ级、城-A级；公路-Ⅱ级、城-B级）	20
中梁预应力构造图（公路-Ⅰ级、城-A级）	21
中梁预应力构造图（公路-Ⅱ级、城-B级）	22
中梁钢筋构造图（一）（公路-Ⅰ级、城-A级；公路-Ⅱ级、城-B级）	23
中梁钢筋构造图（二）（公路-Ⅰ级、城-A级；公路-Ⅱ级、城-B级）	24
中梁钢筋构造图（三）（公路-Ⅰ级、城-A级；公路-Ⅱ级、城-B级）	25
边梁外形尺寸图（公路-Ⅰ级、城-A级；公路-Ⅱ级、城-B级）	26
边梁预应力构造图（公路-Ⅰ级、城-A级）	27
边梁预应力构造图（公路-Ⅱ级、城-B级）	28
边梁钢筋构造图（一）（公路-Ⅰ级、城-A级；公路-Ⅱ级、城-B级）	29
边梁钢筋构造图（二）（公路-Ⅰ级、城-A级；公路-Ⅱ级、城-B级）	30
边梁钢筋构造图（三）（公路-Ⅰ级、城-A级；公路-Ⅱ级、城-B级）	31
现浇段钢筋构造图（公路-Ⅰ级、城-A级；公路-Ⅱ级、城-B级）	32
斜交构造图（中梁）（公路-Ⅰ级、城-A级；公路-Ⅱ级、城-B级）	33
斜交构造图（边梁）（公路-Ⅰ级、城-A级；公路-Ⅱ级、城-B级）	34
牛腿构造图（一）（公路-Ⅰ级、城-A级；公路-Ⅱ级、城-B级）	35
牛腿构造图（二）（公路-Ⅰ级、城-A级；公路-Ⅱ级、城-B级）	36

30m 预应力混凝土小箱梁

横断面布置图（公路-Ⅰ级、城-A级；公路-Ⅱ级、城-B级）	37
中梁外形尺寸图（公路-Ⅰ级、城-A级；公路-Ⅱ级、城-B级）	38
中梁预应力构造图（公路-Ⅰ级、城-A级）	39
中梁预应力构造图（公路-Ⅱ级、城-B级）	40
中梁钢筋构造图（一）（公路-Ⅰ级、城-A级；公路-Ⅱ级、城-B级）	41
中梁钢筋构造图（二）（公路-Ⅰ级、城-A级；公路-Ⅱ级、城-B级）	42
中梁钢筋构造图（三）（公路-Ⅰ级、城-A级；公路-Ⅱ级、城-B级）	43
边梁外形尺寸图（公路-Ⅰ级、城-A级；公路-Ⅱ级、城-B级）	44
边梁预应力构造图（公路-Ⅰ级、城-A级）	45
边梁预应力构造图（公路-Ⅱ级、城-B级）	46
边梁钢筋构造图（一）（公路-Ⅰ级、城-A级；公路-Ⅱ级、城-B级）	47
边梁钢筋构造图（二）（公路-Ⅰ级、城-A级；公路-Ⅱ级、城-B级）	48
边梁钢筋构造图（三）（公路-Ⅰ级、城-A级；公路-Ⅱ级、城-B级）	49
现浇段钢筋构造图（公路-Ⅰ级、城-A级；公路-Ⅱ级、城-B级）	50
斜交构造图（中梁）（公路-Ⅰ级、城-A级；公路-Ⅱ级、城-B级）	51
斜交构造图（边梁）（公路-Ⅰ级、城-A级；公路-Ⅱ级、城-B级）	52
牛腿构造图（一）（公路-Ⅰ级、城-A级；公路-Ⅱ级、城-B级）	53
牛腿构造图（二）（公路-Ⅰ级、城-A级；公路-Ⅱ级、城-B级）	54

35m 预应力混凝土小箱梁

横断面布置图（公路-Ⅰ级、城-A级；公路-Ⅱ级、城-B级）	55
中梁外形尺寸图（公路-Ⅰ级、城-A级；公路-Ⅱ级、城-B级）	56

中梁预应力构造图（一）（公路-Ⅰ级、城-A级）	57
中梁预应力构造图（二）（公路-Ⅰ级、城-A级）	58
中梁预应力构造图（一）（公路-Ⅱ级、城-B级）	59
中梁预应力构造图（二）（公路-Ⅱ级、城-B级）	60
中梁钢筋构造图（一）（公路-Ⅰ级、城-A级；公路-Ⅱ级、城-B级）	61
中梁钢筋构造图（二）（公路-Ⅰ级、城-A级；公路-Ⅱ级、城-B级）	62
中梁钢筋构造图（三）（公路-Ⅰ级、城-A级；公路-Ⅱ级、城-B级）	63
边梁外形尺寸图（公路-Ⅰ级、城-A级；公路-Ⅱ级、城-B级）	64
边梁预应力构造图（一）（公路-Ⅰ级、城-A级）	65
边梁预应力构造图（二）（公路-Ⅰ级、城-A级）	66
边梁预应力构造图（一）（公路-Ⅱ级、城-B级）	67
边梁预应力构造图（二）（公路-Ⅱ级、城-B级）	68
边梁钢筋构造图（一）（公路-Ⅰ级、城-A级；公路-Ⅱ级、城-B级）	69
边梁钢筋构造图（二）（公路-Ⅰ级、城-A级；公路-Ⅱ级、城-B级）	70
边梁钢筋构造图（三）（公路-Ⅰ级、城-A级；公路-Ⅱ级、城-B级）	71
现浇段钢筋构造图（公路-Ⅰ级、城-A级；公路-Ⅱ级、城-B级）	72
斜交构造图（中梁）（公路-Ⅰ级、城-A级；公路-Ⅱ级、城-B级）	73
斜交构造图（边梁）（公路-Ⅰ级、城-A级；公路-Ⅱ级、城-B级）	74
牛腿构造图（一）（公路-Ⅰ级、城-A级；公路-Ⅱ级、城-B级）	75
牛腿构造图（二）（公路-Ⅰ级、城-A级；公路-Ⅱ级、城-B级）	76

其他

预应力混凝土小箱梁现浇桥面等宽窄接缝构造图（一）（公路-Ⅰ级、城-A级；公路-Ⅱ级、城-B级）	77
预应力混凝土小箱梁现浇桥面等宽窄接缝构造图（二）（公路-Ⅰ级、城-A级；公路-Ⅱ级、城-B级）	78

附录

附录A 预制小箱梁梁底支座上垫块设计及施工方法	79~82
附录B 预制小箱梁端横梁、跨中横隔板钢筋预留及连接施工方法	83~84
附录C 预应力混凝土小箱梁深埋锚锚具、套筒及套筒垫板构造图（公路-Ⅰ级、城-A级；公路-Ⅱ级、城-B级）	85
附录D 预制小箱梁边梁带防撞护栏整体安装的设计及施工方法	86

编 制 说 明

一、编制依据

1. 本图集依据上海市住房和城乡建设管理委员会《关于印发〈2019年上海市工程建设规范、建筑标准设计编制计划〉的通知》的要求（沪建标定〔2018〕753号），对上海市建筑标准设计《简支预应力混凝土小箱梁》DBJT 08—115—2011进行修编。

2. 采用规范

《公路工程结构可靠性设计统一标准》JTG 2120—2020

《公路工程技术标准》JTG B01—2014

《城市道路交通工程项目规范》GB 55011—2021

《公路桥涵设计通用规范》JTG D60—2015

《城市桥梁设计规范》CJJ 11—2011（2019年版）

《公路钢筋混凝土及预应力混凝土桥涵设计规范》JTG 3362—2018

《公路工程混凝土结构耐久性设计规范》JTG/T 3310—2019

《混凝土结构耐久性设计标准》GB/T 50476—2019

《公路桥梁抗风设计规范》JTG/T 3360—01—2018

《公路交通安全设施设计规范》JTG D81—2017

《公路交通安全设施设计细则》JTG/T D81—2017

《城市道路交通设施设计规范》GB 50688—2011（2019年版）

《公路桥涵施工技术规范》JTG/T 3650—2020

二、适用范围

本图集适用于上海地区新建、改建公路和城市桥梁上部结构的后张法简支预应力混凝土小箱梁。

三、主要技术指标

1. 小箱梁设计参数见表1。

表1 小箱梁设计参数

标准跨径 (m)	梁端缝宽 (m)	梁长 (m)	支座中心距梁端 (m)	计算跨径 (m)	梁高 (m)	单个支座吨位 (kN)	板式支座尺寸 (mm)	圆板式支座直径 (mm)
25	0.040	24.920	0.350	24.220	1.400	950	350×350	400
30	0.040	29.920	0.350	29.220	1.600	1150	350×350	400
35	0.040	34.920	0.350	34.220	1.900	1350	400×400	450

注：梁端缝宽为梁端至分孔线的距离；每片梁底设置4个支座。

2. 设计荷载：公路-Ⅰ级、公路-Ⅱ级、城-A级、城-B级。

3. 设计基准期：100年。

4. 结构设计安全等级：一级。

5. 环境类别：Ⅰ类，一般环境。

6. 设计使用年限：100年。

7. 防撞等级：防撞护栏形式按《公路交通安全设施设计细则》JTG/T D81—2017中的桥梁F型混凝土护栏，桥面板配筋满足防护等级五级（SA）的受力要求。

8. 风荷载：上海地区设计基准风速：W1风（重现期10年）28.8m/s，按规范计算取25m/s；W2风（重现期100年）取32.8m/s。

四、主要材料

1. 混凝土

1）预制梁：C50普通或高性能混凝土。当为重要工程（如重载交通的高等级公路、城市道路等）时，宜采用高性能混凝土。

2）支点横梁和跨中横隔板的横桥向现浇湿接缝：C50混凝土。

3）桥面纵桥向现浇湿接缝，可根据接缝类型按如下选用：

（1）宽接缝（直钢筋焊接）：C50混凝土；

（2）窄接缝（U形钢筋交错）：C60钢纤维混凝土。钢纤维混凝土技术要求应满足《钢锭铣削型钢纤维混凝土应用技术标准》DG/TJ 08—59—2019的规定。

混凝土技术指标见表2。

表2 混凝土强度及弹性模量（MPa）

混凝土等级	弹性模量 E_c	剪切模量 G_c	轴心抗压强度标准值 f_{ck}	轴心抗拉强度标准值 f_{tk}	轴心抗压强度设计值 f_{cd}	轴心抗拉强度设计值 f_{td}
C50	$3.45×10^4$	$1.38×10^4$	32.4	2.65	22.4	1.83
C60	$3.60×10^4$	$1.44×10^4$	38.5	2.85	26.5	1.96

2. 预应力体系材料

1）钢绞线：$\phi^s15.2$高强度低松弛钢绞线，应满足《预应力混凝土用钢绞线》GB/T 5224—2023的相关要求，见表3。

表3 预应力筋强度及弹性模量（MPa）

钢筋种类	抗拉强度标准值 f_{pk}	抗拉强度设计值 f_{pd}	弹性模量 E_p
钢绞线	1860	1260	$1.95×10^5$

	图集号	2021沪Q001
编制说明	页	1

2）锚具：夹片式群锚体系

应满足《预应力筋用锚具、夹具和连接器》GB/T 14370—2015 的要求，或满足《公路桥梁预应力钢绞线用锚具、夹具和连接器》JT/T 329—2010 的要求。

3）预应力管道

金属波纹管应满足《预应力混凝土用金属波纹管》JG/T 225—2020 的要求，也可采用橡胶抽拔管。当小箱梁断面布置空间满足要求时，也可采用塑料波纹管，但必须满足《预应力混凝土桥梁用塑料波纹管》JT/T 529—2016 的要求。

4）管道压浆材料

应满足《公路桥涵施工技术规范》JTG/T 3650—2020 的要求。

3. 普通钢筋（表4）

1）HPB300 钢筋应符合《钢筋混凝土用钢 第1部分：热轧光圆钢筋》GB/T 1499.1—2017 的要求。

2）HRB400 钢筋应符合《钢筋混凝土用钢 第2部分：热轧带肋钢筋》GB/T 1499.2—2018 的要求。

表4 普通钢筋强度及弹性模量（MPa）

钢筋种类	抗压强度设计值 f'_{sd}	抗拉强度设计值 f_{sd}	弹性模量 E_s
HPB300	250	250	2.1×10^5
HRB400	330	330	2.0×10^5

4. 钢板

Q235B 应符合《碳素结构钢》GB/T 700—2006 的要求。

五、设计要点及计算数据

1. 小箱梁抗裂计算控制

纵向：按A类预应力混凝土受弯构件设计，频遇组合关键控制截面不出现拉应力；

桥面板横向：按钢筋混凝土构件设计，最大裂缝宽度限值 0.15mm。

2. 横向分布系数计算（表5~表7）

1）计算弯矩荷载横向分布系数时，全跨采用刚接梁法，并以铰接梁法复核；计算剪力荷载横向分布系数时，支点采用杠杆法，跨中采用刚接梁法，并以铰接梁法复核；支点到1/4跨采用直线渐变。

2）边梁横向分布系数：采用2片梁布置的桥梁断面计算取值，且2片梁间距 d 取最大值，边梁悬臂长度 a 取1.0m；中梁横向分布系数：采用3片梁布置的桥梁断面计算取值，且3片梁间距 d 取最大值，边梁悬臂长度 a 取1.0m。

3）外侧防撞护栏横向分布系数按以下两种施工方式分别计算，取不利值用于内力计算：

（1）后浇护栏：现场架梁后待现浇段施工完成并达到一定强度后浇筑防撞护栏；

（2）预制护栏：单片边梁完成预应力钢筋施工后，浇筑防撞护栏，现场边梁带防撞护栏整体吊装。

表5 2片、3片小箱梁横向分布系数

梁类别	跨径（m）	计算跨径（m）	横向分布系数			
			汽车（列）		后浇护栏（按单侧计）	后浇护栏（按双侧计）	预制护栏（按单侧计）
			弯矩、剪力跨中	剪力支点			
中梁	25	24.22	0.809	1.258	0.292	0.581	
	30	29.22	0.805	1.275	0.302	0.602	0
	35	34.22	0.804	1.300	0.306	0.611	
边梁	25	24.22	1.044	1.396	0.608		
	30	29.22	1.038	1.433	0.585	1	1
	35	34.22	1.038	1.486	0.564		

表6 4片、6片、8片梁横向分布系数

梁类别	跨径（m）	计算跨径（m）	横向分布系数（4片梁）			横向分布系数（6片梁）			横向分布系数（8片梁）		
			汽车（列）		后浇护栏（按单侧计）	汽车（列）		后浇护栏（按单侧计）	汽车（列）		后浇护栏（按单侧计）
			弯矩、剪力跨中	剪力支点		弯矩、剪力跨中	剪力支点		弯矩、剪力跨中	剪力支点	
中梁	25	24.22	0.752	1.258	0.266	0.711	1.258	0.259	0.709	1.258	0.259
	30	29.22	0.743	1.275	0.269	0.695	1.275	0.258	0.689	1.275	0.257
	35	34.22	0.743	1.300	0.269	0.695	1.300	0.255	0.687	1.300	0.254
边梁	25	24.22	0.813	1.397	0.517	0.803	1.397	0.513	0.802	1.398	0.513
	30	29.22	0.783	1.434	0.472	0.757	1.434	0.465	0.755	1.435	0.464
	35	34.22	0.786	1.487	0.450	0.742	1.487	0.440	0.740	1.488	0.439

注：计算断面按梁间距最大、边梁悬臂长1m布置。

表7 横向分布系数（9m桥宽采用2片边梁）

梁类别	跨径（m）	计算跨径（m）	横向分布系数				
			汽车（列）		后浇护栏（按单侧计）	后浇护栏（按双侧计）	预制护栏（按单侧计）
			弯矩、剪力跨中	剪力支点			
边梁	25	24.22	1.061	1.454	0.622		
	30	29.22	1.045	1.464	0.591	1	1

3. 荷载计算数值

1）钢筋混凝土重度：$26kN/m^3$；桥面沥青铺装重度：$24kN/m^3$。

2）桥面铺装计算厚度为100mm的钢筋混凝土层及厚度为100mm的沥青混凝土层。

3）防撞护栏自重按每侧13kN/m取用。

	编制说明	图集号	2021沪Q001
		页	2

4）温度作用按照《公路桥涵设计通用规范》JTG D60—2015取用，桥面板计算不计温度梯度效应。

4. 预应力损失计算

1）预应力钢筋与管道壁的摩擦系数，取0.25。

2）锚具变形、钢筋回缩损失，单端回缩值取6mm，未计入钢束与锚圈口之间的摩擦损失。

3）计算混凝土的收缩徐变损失时，预应力筋传力锚固时混凝土的龄期取3d~7d，加载时混凝土的龄期取7d，计算时长混凝土龄期取3650d，年平均相对湿度RH取40%~70%，构件与大气接触的周边长度 u 取小箱梁的周长加内孔周长的一半。

4）施工阶段：预应力张拉1d→灌浆1d→存梁60d→现浇桥面板、横梁、横隔板10d→二期施工。

5. 截面验算

1）混凝土铺装不计入计算截面，仅计入荷载。

2）桥面板现浇段按最小宽度0.5m计入计算截面，以最大宽度1.6m计入结构重力。

3）边梁按悬臂0.5m计入计算截面，以悬臂1.0m计入结构重力。

4）制作、运输及安装等施工阶段验算时，混凝土按100%强度取值；构件吊装、运输时，动力系数取1.2（对结构不利时）或0.85（对结构有利时）。

6. 断面及构造

1）小箱梁底宽1.5m，腹板侧面1：4斜度，两侧腹板等高。

2）桥面板在箱内板厚200mm，近腹板处设180mm×50mm倒角；桥面板在小箱梁间板厚为等厚250mm；边梁悬臂板根部为250mm，悬臂外形变化可按图1所示四种形式选用（本图集钢筋构造采用形式一，如采用其他形式，7号钢筋需相应调整）。

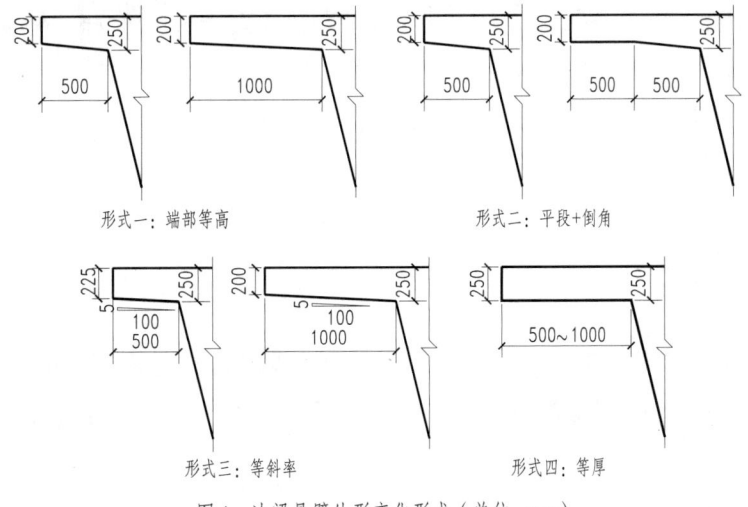

图1 边梁悬臂外形变化形式（单位：mm）

3）桥跨断面小箱梁布置间距详见"七、图集选用"，小箱梁采用4点支承，顶底面纵横坡由支承处底垫块形成，确保梁体水平支承。

4）小箱梁支承处设端横梁一道，厚度0.4m，跨中设横隔板一道，厚度0.3m。

5）端横梁、跨中横隔板不设人孔构造。

6）梁底设 ϕ50mm泄水孔，跨中横隔板设 ϕ50mm过水孔；腹板设 ϕ50mm通气孔，边梁外腹板不设。

7）预制中梁、边梁的顶板悬臂下均设置滴水檐。

8）预应力筋采用8束钢绞线断面布置，2束锚于梁端底板、6束弯起锚于梁端腹板。单片小箱梁钢绞线总根数48~78根。

7. 截面特性

1）中梁，见表8。

表8 中梁截面特性

跨径(m)	截面位置	A(m²)	h(m)	Y_s(m)	Y_x(m)	I(m⁴)	W_s(m³)	W_x(m³)
25	跨中	1.238	1.400	0.593	0.807	0.320	0.540	0.397
	支点	1.603	1.400	0.644	0.756	0.371	0.576	0.491
30	跨中	1.337	1.600	0.673	0.926	0.456	0.678	0.492
	支点	1.755	1.600	0.734	0.866	0.537	0.732	0.620
35	跨中	1.484	1.900	0.794	1.106	0.716	0.902	0.647
	支点	2.069	1.900	0.869	1.031	0.876	1.008	0.850

2）边梁（0.5m宽悬臂），见表9。

表9 边梁（0.5m宽悬臂）截面特性

跨径(m)	截面位置	A(m²)	h(m)	Y_s(m)	Y_x(m)	I(m⁴)	W_s(m³)	W_x(m³)
25	跨中	1.294	1.400	0.572	0.828	0.334	0.584	0.403
	支点	1.659	1.400	0.626	0.774	0.388	0.620	0.501
30	跨中	1.393	1.600	0.650	0.950	0.474	0.729	0.499
	支点	1.811	1.600	0.714	0.886	0.559	0.783	0.631
35	跨中	1.540	1.900	0.769	1.131	0.743	0.966	0.657
	支点	2.126	1.900	0.848	1.052	0.909	1.072	0.864

编制说明

3）边梁（1.0m宽悬臂），见表10。

表10 边梁（1.0m宽悬臂）截面特性

跨径(m)	截面位置	A (m²)	h (m)	Y_s (m)	Y_x (m)	I (m⁴)	W_s (m³)	W_x (m³)
25	跨中	1.407	1.400	0.535	0.865	0.356	0.665	0.412
25	支点	1.772	1.400	0.593	0.807	0.416	0.702	0.515
30	跨中	1.505	1.600	0.610	0.990	0.504	0.826	0.509
30	支点	1.923	1.600	0.679	0.921	0.598	0.881	0.649
35	跨中	1.653	1.900	0.724	1.176	0.788	1.088	0.670
35	支点	2.238	1.900	0.811	1.089	0.967	1.192	0.888

8. 冲击系数，见表11。

表11 冲击系数

跨径（m）	25	30	35
冲击系数	0.264	0.223	0.198

9. 其他

1）本图集尺寸单位除标明外，均以毫米计。

2）桥面铺装要求：铺装总厚度不应超过200mm，其中混凝土铺装厚度最薄处不小于70mm，且应设置铺装钢筋。

六、施工要求

1. 采用的材料应按有关规范、规程的规定进行检测，验证合格后方可使用。同一工程中所采用的混凝土原材料应尽可能同一生产厂家、同一品种。

2. 预应力工艺所采用的工具、仪表应按照有关规定进行标定、检验，未经标定、检验或超过相应规定张拉次数的工具、仪表不得使用。

3. 结构尺寸、预应力筋、普通钢筋安放位置应准确。最外侧钢筋的净保护层厚度不小于20mm。预应力管道应采用定位钢筋固定安装，间距0.5m设置1组。模板宜采用厚度不小于6mm的钢模板以提高外观质量。

4. 当桥面板湿接缝采用等宽窄接缝（U形钢筋交错）构造时，需满足以下额外精度要求：

1）小箱梁预制横向精度：

（1）预制梁顶板混凝土外边线相对梁轴线（支承中线连线）的半梁宽度：0，-25mm。

（2）顶板预留外伸钢筋相对梁轴线（支承中线连线）长度：±5mm。

2）小箱梁架设后支承位置横向偏位：±5mm。

5. 预制时注意防撞护栏、栏杆基座、伸缩装置等相关预埋件的设置及桥面泄水孔的预留。

6. 预应力筋锚下的张拉控制应力为$\sigma_{con}=0.75f'_{pk}$，采用应力及伸长量双控。张拉程序为0→初应力（$0.1\sigma_{con}$）→$1.0\sigma_{con}$（持荷5min）→锚固。管道灌浆可采用循环压浆工艺或真空辅助压浆工艺，确保压浆密实。

7. 混凝土强度、弹性模量均达到100%强度设计值，且龄期不宜小于7d，方可张拉预应力筋。钢束张拉次序为先腹板预应力筋、后底板预应力筋，具体为N3、N2、N1、N4，同一编号的预应力筋宜对称均匀张拉。

8. 小箱梁在施加预应力后可将其从预制台座吊移至场内的存放台座上后再进行孔道压浆，但必须满足施工规范相关要求；小箱梁完成预应力张拉并孔道灌浆材料达到强度后，方可移运、吊装。箱梁堆放（包括顶梁、移梁）与运输时梁体不得倒置，搁置点应距离设计支座中心位置不大于200mm。当长期存梁（超过60d）时，应采取措施防止梁体产生过大上拱。

9. 小箱梁吊装应采用可靠的方法起吊，吊点原则上应设置在距梁端0.35~0.8m范围内，特殊工况下吊点位置可作适当调整，但需重新验算并经设计单位认可。安装时，应施工措施保证一片梁下各支座密贴支撑。

10. 本图集小箱梁采用常规施工工艺（单层堆放、运输，吊车起吊安装），若超过2层堆放、采用架桥机安装等施工工艺，必须根据施工工况另行检算。

11. 小箱梁湿接缝结合面应按施工缝处理，要求表面洁净，露出80%以上粗骨料。

12. 外露金属构件均需进行防腐处理：环氧富锌底漆二道、面漆一道，总干膜厚度≥100μm；也可采用热浸锌方法，厚度不小于85μm。

13. 小箱梁底支座上垫块可视实际条件按本图集附录A中的形式选用，推荐采用锻压成镦形的钢垫块。

14. 当小箱梁端横梁、跨中横隔板的横向钢筋在预制时采用预留方式，相关施工要求详见本图集附录B。

15. 当小箱梁预应力锚具采用深埋锚构造时，构造要求详见本图集附录C。

16. 当防撞护栏现场施工晚于桥面现浇段施工时，宜待桥面现浇段施工完成并达到强度后进行。若因特殊原因先于桥面现浇段施工，应保证施工过程中边梁的抗倾覆安全性。当防撞护栏与小箱梁边梁一起预制、整体运输安装时，相关施工要求详见本图集附录D。

17. 耐久性技术要求

1）普通混凝土

为保证混凝土品质，提高耐久性，混凝土技术要求除满足《公路桥涵施工技术规范》JTG/T 3650—2020 的要求外，尚应满足如下要求：

（1）原材料

①水泥应采用品质稳定、强度等级不低于42.5的硅酸盐水泥或普通硅酸盐水泥，水泥细度不宜超过350m²/kg，水泥中铝酸三钙（C_3A）含量不超过8%，水泥的碱含量（按Na_2O量计）不超过0.6%，游离氧化钙不超过1.5%。严禁采用早强水泥。

②粗、细集料应级配合理、质地均匀坚固，不宜采用砂岩碎石。

A. 粗骨料最大公称粒径不大于20mm，针片状颗粒含量（按质量计）不超过7%，吸水率（按质量计）不大于2%，压碎指标不大于10%。

B. 细骨料应选择中粗河砂，细度模数宜为2.6~3.2，含泥量（按质量计）不大于1.5%，吸水率不大于2.0%。

③ 矿物掺合料应使用优质粉煤灰、矿渣粉等。

A. 粉煤灰技术指标应符合《用于水泥和混凝土中的粉煤灰》GB/T 1596—2017 的规定，宜采用F类Ⅰ级粉煤灰。

B. 矿渣粉技术指标应符合《用于水泥、砂浆和混凝土中的粒化高炉矿渣粉》GB/T 18046—2017 的规定。

④ 水：混凝土用水应清洁，不应采用污水或pH值小于5的酸性水，氯离子含量不超过500mg/L。

⑤ 外加剂应具有减水率高、坍落度损失小、适量引气、能细化混凝土孔结构、能明显改善或提高混凝土耐久性、与水泥有良好的适应性等性能。外加剂产品应经过相应级别的鉴定认证，并符合《混凝土外加剂》GB 8076—2008 的要求。

A. 各种外加剂中的氯离子总含量不宜大于混凝土中胶凝材料总质量的0.02%，硫酸钠含量不宜大于减水剂干重的15%。

B. 减水剂宜采用聚羧酸系。

（2）混凝土

① 水胶比、胶凝材料用量限值，见表12。

表12 最大水胶比及最小、最大胶凝材料用量限值

混凝土强度等级	最大水胶比	最小胶凝材料用量（kg/m³）	最大胶凝材料用量（kg/m³）	备注
C50	0.36	360	480	预制梁、现浇桥面宽接缝
C60	0.30	400	530	现浇桥面窄接缝

② 游离氯离子总含量不超过胶凝材料总质量的0.06%，总碱含量不应超过3.0kg/m³。硫化物及硫酸盐含量（以SO_3计）不应超过胶凝材料总质量的4%。

2) 高性能混凝土

除满足《公路桥涵施工技术规范》JTG/T 3650—2020 和《自密实混凝土应用技术规程》JGJ/T 283—2012 的有关规定外，尚应满足如下要求：

（1）水胶比不大于0.28，坍落扩展度宜为700±50。

（2）粗骨料：针片状颗粒含量不大于2%。

（3）细骨料：宜采用级配Ⅱ区的中砂。

（4）粉煤灰：符合《用于水泥和混凝土中的粉煤灰》GB/T 1596—2017 中F类Ⅰ级粉煤灰的规定。

（5）矿渣粉：符合《用于水泥、砂浆和混凝土中的粒化高炉矿渣粉》GB/T 18046—2017 中有关S95级以上矿渣粉

的规定。

（6）高性能减水剂：减水率不小于30%。

3) 孔道压浆材料

应具有良好的流动性和稠度，浆液性能指标满足《公路桥涵施工技术规范》JTG/T 3650—2020 的要求，抗压强度不小于50MPa。

4) 预应力锚头防护措施

锚具表面应做防锈、防腐处理；锚具封裹采用砂浆、专用防腐油脂或油性蜡等；封锚采用微膨胀C50细石混凝土（矿物掺合料要求同原材料相关要求一致），水胶比不大于0.36。预应力锚头的保护层厚度不小于50mm。

七、图集选用

1. 图集中采用的设计荷载为汽车荷载，人群荷载及非机动车荷载可参比使用。

2. 边梁悬臂长度a分为0.5m、1.0m两种，梁间距d变化范围为3.076~4.426m，适用梁数2~8片。各种桥梁宽度横断面布置的参数示意见图2，参数的取值范围及所能覆盖的桥梁宽度范围见表13、表14。

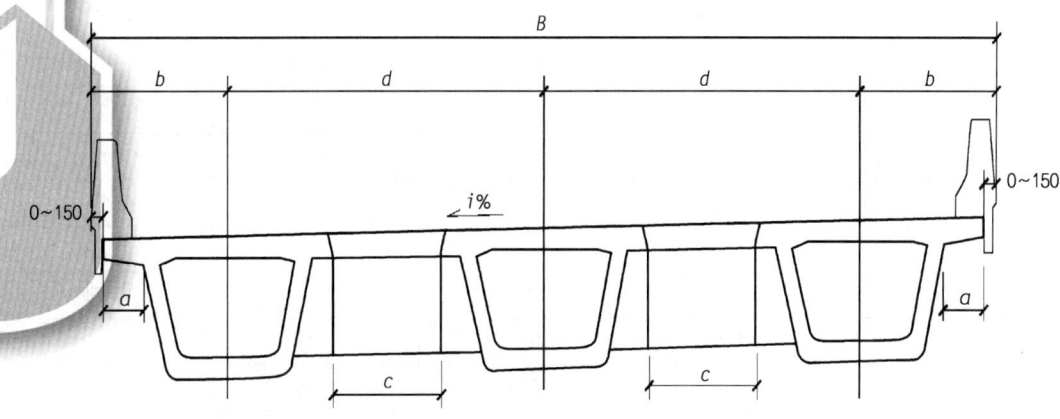

图2 横断面布置参数示意图（单位：mm）

表13 桥梁宽度横断面布置参数取值

跨径(m)	边梁中心至桥边b(m)		中梁宽(m)	湿接段宽度c(m)		梁距d(m)	
	a=0.5	a=1.0		最小	最大	最小	最大
25	1.688	2.188	2.576	0.500	1.600	3.076	4.176
30	1.738	2.238	2.676	0.500	1.600	3.176	4.276
35	1.813	2.313	2.826	0.500	1.600	3.326	4.426

	图集号	2021沪Q001
编制说明	页	5

表14 相应参数下所能覆盖的桥梁宽度（B）范围

跨径(m)	梁数(片)	桥宽范围(m)（a=0.5m）		桥宽范围(m)（a=1.0m）	
		最小	最大	最小	最大
25	2	6.452	7.552	7.452	8.552
	3	9.528	11.728	10.528	12.728
	4	12.604	15.904	13.604	16.904
	5	15.680	20.080	16.680	21.080
	6	18.756	24.256	19.756	25.256
	7	21.832	28.432	22.832	29.432
	8	24.908	32.608	25.908	33.608
30	2	6.652	7.752	7.652	8.752
	3	9.828	12.028	10.828	13.028
	4	13.004	16.304	14.004	17.304
	5	16.180	20.580	17.180	21.580
	6	19.356	24.856	20.356	25.856
	7	22.532	29.132	23.532	30.132
	8	25.708	33.408	26.708	34.408
35	2	6.952	8.052	7.952	9.052
	3	10.278	12.478	11.278	13.478
	4	13.604	16.904	14.604	17.904
	5	16.930	21.330	17.930	22.330
	6	20.256	25.756	21.256	26.756
	7	23.582	30.182	24.582	31.182
	8	26.908	34.608	27.908	35.608

表15 9m桥宽横断面布置参数取值（2片边梁）及构造调整要求

桥宽B(m)	跨径(m)	梁数(片)	边梁中心至桥边b(m) a=1.0	湿接段宽度c(m)	梁距d(m)	构造局部调整要求
9	25	2	2.188	2.048	4.624	无
	30	2	2.238	1.848	4.524	跨中10m范围4a钢筋增加11根，并列束筋布置

5. 斜交角度区图集按15°、30°两档考虑，其他斜交角度可参照使用，斜交角度不宜大于30°。

6. 不同跨径布置的桥梁宜取用相同悬臂长度的边梁，使相邻跨梁体外形轮廓对齐。

7. 通用图集按桥面板配筋满足防护等级五级（SA）并不设置声屏障的受力要求。当防护等级为六级（SS）及以上或边梁设置声屏障时，小箱梁需另行验算，悬臂构造需加强。

8. 当预应力采用抽芯成型工艺时，如不降低结构性能，则N4钢束根数需增加约10%。

9. 当桥面板湿接缝采用等宽窄接缝（U形钢筋交错）构造时，接缝尺寸为上口宽0.4m、下口宽0.3m。混凝土采用C60钢纤维混凝土，钢纤维掺量为60kg/m³。小箱梁顶板横向钢筋间距统一为200mm，相邻梁应交错布置，交错后间距为100mm，相邻梁钢筋的交错搭接长度不小于250mm。

10. 小箱梁一般不推荐使用牛腿支承，仅在特殊需要时采用。

3. 图集中湿接段宽度c值的调整范围为0.5~1.6m。如c>1.6m，小箱梁需另行验算；边梁悬臂长度a值调整范围在0.25~1.0m。

4. 小箱梁片数的选择建议及9m桥宽的相关要求

1) 各类桥宽在通常情况下，梁片数宜与桥面车道数一致。

2) 常规双车道匝道桥，经济合理的方案为2片边梁布置。当桥梁宽度B介于8.5~9.0m时，按表13参数布置的25m、30m小箱梁的桥梁宽度不能覆盖，可采用表15的横断面布置及相应的构造局部调整。

内力与应力验算汇总表

跨径：**25m** 中梁

设计荷载：公路－Ⅰ级、城－A级

表1 弯矩组合

编号	荷载或组合	弯矩图	备注
①	裸梁自重		—
②	结构自重		—
③	汽车		不计冲击力（$\mu=0.264$）
④	基本组合		$1.1\times[1.2\times②+1.4\times③\times(1+\mu)]$
⑤	频遇组合		$1\times②+0.7\times③$
⑥	准永久组合		$1\times②+0.4\times③$
⑦	标准组合		$1\times②+1\times③\times(1+\mu)$

表2 剪力组合

编号	荷载或组合	剪力图	备注
①	裸梁自重		—
②	结构自重		—
③	汽车		不计冲击力（$\mu=0.264$）
④	基本组合		$1.1\times[1.2\times②+1.4\times③\times(1+\mu)]$
⑤	频遇组合		$1\times②+0.7\times③$
⑥	准永久组合		$1\times②+0.4\times③$
⑦	标准组合		$1\times②+1\times③\times(1+\mu)$

表3 结果验算

	验算内容	计算值	规范限值
持久状况承载能力极限状态	抗弯承载能力		$\gamma_0 M_d \leq M_R$
	抗剪承载能力		$\gamma_0 Q_d \leq Q_R$
持久状况正常使用极限状态	频遇组合正截面下缘拉应力		$\sigma_{st}-\sigma_{pc}\leq 0.7f_{tk}$ $0.7f_{tk}=1.86$MPa （计算值≥－1.86MPa）
	准永久组合正截面下缘拉应力		$\sigma_{lt}-\sigma_{pc}\leq 0$ （计算值≥0MPa）
	频遇组合斜截面主拉应力		$\sigma_{tp}\leq 0.7f_{tk}$ $0.7f_{tk}=1.855$MPa （计算值≥－1.855MPa）
	频遇组合下挠度（考虑长期增长系数）		$\leq(1/600)L$ $=40.4$mm
持久状况应力	标准作用组合正截面最大压应力		$\sigma_{kc}+\sigma_{pt}\leq 0.5f_{ck}'$ $0.5f_{ck}'=16.2$MPa
	预应力钢筋最大拉应力	1173MPa（最下层一排）	$\sigma_{pe}+\sigma_p\leq 0.65f_{pk}$ $0.65f_{pk}=1209$MPa
	标准作用组合混凝土最大主压应力		$\sigma_{cp}\leq 0.6f_{ck}'$ $0.6f_{ck}'=19.44$MPa
短暂状况应力	不利状态上缘应力		$\sigma_{ct}^t\leq 0.70f_{tk}'$ $0.70f_{tk}'=1.855$MPa （计算值≥－1.855MPa）
	不利状态下缘应力		$\sigma_{cc}^t\leq 0.70f_{ck}'$ $0.70f_{ck}'=22.68$MPa
其他	张拉阶段跨中挠度		存梁上拱值30d、60d、90d：29、31、32

注：1. 单位：弯矩（kN·m）、剪力（kN）、应力（MPa）、位移（mm）。
　　2. 效应方向：混凝土应力（压为正，拉为负）；位移（上拱为正，下挠为负）。

内力与应力验算汇总表

跨径：25m 中梁

设计荷载：公路－Ⅱ级、城－B级

表1 弯矩组合

编号	荷载或组合	弯矩图	备注
①	裸梁自重		—
②	结构自重		—
③	汽车		不计冲击力（$\mu=0.264$）
④	基本组合		$1.1\times[1.2\times②+1.4\times③\times(1+\mu)]$
⑤	频遇组合		$1\times②+0.7\times③$
⑥	准永久组合		$1\times②+0.4\times③$
⑦	标准组合		$1\times②+1\times③\times(1+\mu)$

表2 剪力组合

编号	荷载或组合	剪力图	备注
①	裸梁自重		—
②	结构自重		—
③	汽车		不计冲击力（$\mu=0.264$）
④	基本组合		$1.1\times[1.2\times②+1.4\times③\times(1+\mu)]$
⑤	频遇组合		$1\times②+0.7\times③$
⑥	准永久组合		$1\times②+0.4\times③$
⑦	标准组合		$1\times②+1\times③\times(1+\mu)$

表3 结果验算

	验算内容	计算值	规范限值
持久状况承载能力极限状态	抗弯承载能力		$\gamma_0 M_d \leq M_R$
	抗剪承载能力		$\gamma_0 Q_d \leq Q_R$
持久状况正常使用极限状态	频遇组合正截面下缘拉应力		$\sigma_{st}-\sigma_{pc} \leq 0.7f_{tk}$ $0.7f_{tk}=1.86$MPa （计算值≥－1.86MPa）
	准永久组合正截面下缘拉应力		$\sigma_{lt}-\sigma_{pc} \leq 0$ （计算值≥0MPa）
	频遇组合斜截面主拉应力		$\sigma_{tp} \leq 0.7f_{tk}$ $0.7f_{tk}=1.855$MPa （计算值≥－1.855MPa）
	频遇组合下挠度（考虑长期增长系数）		$\leq (1/600)L$ $=40.4$mm
持久状况应力	标准作用组合正截面最大压应力		$\sigma_{kc}+\sigma_{pt} \leq 0.5f_{ck}$ $0.5f_{ck}=16.2$MPa
	预应力钢筋最大拉应力	1182MPa（最下层一排）	$\sigma_{pe}+\sigma_p \leq 0.65f_{pk}$ $0.65f_{pk}=1209$MPa
	标准作用组合混凝土最大主压应力		$\sigma_{cp} \leq 0.6f_{ck}$ $0.6f_{ck}=19.44$MPa
短暂状况应力	不利状态上缘应力		$\sigma_{ct}^t \leq 0.70f'_{tk}$ $0.70f'_{tk}=1.855$MPa （计算值≥－1.855MPa）
	不利状态下缘应力		$\sigma_{cc}^t \leq 0.70f'_{ck}$ $0.70f'_{ck}=22.68$MPa
其他	张拉阶段跨中挠度		存梁上拱值30d、60d、90d：24、25、26

注：1. 单位：弯矩（kN·m）、剪力（kN）、应力（MPa）、位移（mm）。
2. 效应方向：混凝土应力（压为正，拉为负）；位移（上拱为正，下挠为负）。

内力与应力验算汇总表

跨径：25m 边梁
设计荷载：公路－Ⅰ级、城－A级

表1 弯矩组合

编号	荷载或组合	弯矩图	备注
①	裸梁自重		—
②	结构自重		—
③	汽车		不计冲击力（μ=0.264）
④	基本组合		$1.1\times[1.2\times$②$+1.4\times$③$\times(1+\mu)]$
⑤	频遇组合		$1\times$②$+0.7\times$③
⑥	准永久组合		$1\times$②$+0.4\times$③
⑦	标准组合		$1\times$②$+1\times$③$\times(1+\mu)$

表2 剪力组合

编号	荷载或组合	剪力图	备注
①	裸梁自重		—
②	结构自重		—
③	汽车		不计冲击力（μ=0.264）
④	基本组合		$1.1\times[1.2\times$②$+1.4\times$③$\times(1+\mu)]$
⑤	频遇组合		$1\times$②$+0.7\times$③
⑥	准永久组合		$1\times$②$+0.4\times$③
⑦	标准组合		$1\times$②$+1\times$③$\times(1+\mu)$

表3 结果验算

	验算内容	计算值	规范限值
持久状况承载能力极限状态	抗弯承载能力		$\gamma_0 M_d \leq M_R$
	抗剪承载能力		$\gamma_0 Q_d \leq Q_R$
持久状况正常使用极限状态	频遇组合正截面下缘拉应力		$\sigma_{st}-\sigma_{pc} \leq 0.7f_{tk}$ $0.7f_{tk}$=1.86MPa（计算值≥－1.86MPa）
	准永久组合正截面下缘拉应力		$\sigma_{lt}-\sigma_{pc} \leq 0$（计算值≥0MPa）
	频遇组合斜截面主拉应力		$\sigma_{tp} \leq 0.7f_{tk}$ $0.7f_{tk}$=1.855MPa（计算值≥－1.855MPa）
	频遇组合下挠度（考虑长期增长系数）		≤（1/600）L =40.4mm
持久状况应力	标准作用组合正截面最大压应力		$\sigma_{kc}+\sigma_{pt} \leq 0.5f_{ck}$ $0.5f_{ck}$=16.2MPa
	预应力钢筋最大拉应力	1167MPa（最下层一排）	$\sigma_{pe}+\sigma_p \leq 0.65f_{pk}$ $0.65f_{pk}$=1209MPa
	标准作用组合混凝土最大主压应力		$\sigma_{cp} \leq 0.6f_{ck}$ $0.6f_{ck}$=19.44MPa
短暂状况应力	不利状态上缘应力		$\sigma'_{ct} \leq 0.70f'_{tk}$ $0.70f'_{tk}$=1.855MPa（计算值≥－1.855MPa）
	不利状态下缘应力		$\sigma'_{cc} \leq 0.70f'_{ck}$ $0.70f'_{ck}$=22.68MPa
其他	张拉阶段跨中挠度		存梁上拱值30d、60d、90d：34、36、37

注：1. 单位：弯矩（kN·m）、剪力（kN）、应力（MPa）、位移（mm）。
2. 效应方向：混凝土应力（压为正，拉为负）；位移（上拱为正，下挠为负）。

内力与应力验算汇总表（跨径25m边梁）设计荷载：公路－Ⅰ级、城－A级	图集号	2021沪Q001
	页	9

内力与应力验算汇总表

跨径：25m 边梁
设计荷载：公路-Ⅱ级、城-B级

表1 弯矩组合

编号	荷载或组合	弯矩图	备注
①	裸梁自重	(图)	—
②	结构自重	(图)	—
③	汽车	(图)	不计冲击力（μ=0.264）
④	基本组合	(图)	$1.1\times[1.2\times$②$+1.4\times$③$\times(1+\mu)]$
⑤	频遇组合	(图)	$1\times$②$+0.7\times$③
⑥	准永久组合	(图)	$1\times$②$+0.4\times$③
⑦	标准组合	(图)	$1\times$②$+1\times$③$\times(1+\mu)$

表2 剪力组合

编号	荷载或组合	剪力图	备注
①	裸梁自重	(图)	—
②	结构自重	(图)	—
③	汽车	(图)	不计冲击力（μ=0.264）
④	基本组合	(图)	$1.1\times[1.2\times$②$+1.4\times$③$\times(1+\mu)]$
⑤	频遇组合	(图)	$1\times$②$+0.7\times$③
⑥	准永久组合	(图)	$1\times$②$+0.4\times$③
⑦	标准组合	(图)	$1\times$②$+1\times$③$\times(1+\mu)$

表3 结果验算

	验算内容	计算值	规范限值
持久状况承载能力极限状态	抗弯承载能力	(图)	$\gamma_0 M_d \le M_R$
	抗剪承载能力	(图)	$\gamma_0 Q_d \le Q_R$
持久状况正常使用极限状态	频遇组合正截面下缘拉应力	(图)	$\sigma_{st}-\sigma_{pc} \le 0.7f_{tk}$ $0.7f_{tk}=1.86$MPa （计算值 ≥ -1.86MPa）
	准永久组合正截面下缘拉应力	(图)	$\sigma_{lt}-\sigma_{pc} \le 0$ （计算值 ≥ 0MPa）
	频遇组合斜截面主拉应力	(图)	$\sigma_{tp} \le 0.7f_{tk}$ $0.7f_{tk}=1.855$MPa （计算值 ≥ -1.855MPa）
	频遇组合下挠度（考虑长期增长系数）	(图)	$\le (1/600)L$ $=40.4$mm
持久状况应力	标准作用组合正截面最大压应力	(图)	$\sigma_{kc}+\sigma_{pt} \le 0.5f_{ck}$ $0.5f_{ck}=16.2$MPa
	预应力钢筋最大拉应力	1174MPa（最下层一排）	$\sigma_{pe}+\sigma_p \le 0.65f_{pk}$ $0.65f_{pk}=1209$MPa
	标准作用组合混凝土最大主压应力	(图)	$\sigma_{cp} \le 0.6f_{ck}$ $0.6f_{ck}=19.44$MPa
短暂状况应力	不利状态上缘应力	(图)	$\sigma_{ct}^l \le 0.70f'_{tk}$ $0.70f'_{tk}=1.855$MPa （计算值 ≥ -1.855MPa）
	不利状态下缘应力	(图)	$\sigma_{cc}^l \le 0.70f'_{ck}$ $0.70f'_{ck}=22.68$MPa
其他	张拉阶段跨中挠度	(图)	存梁上拱值30d、60d、90d：29、31、32

注：
1. 单位：弯矩（kN·m）、剪力（kN）、应力（MPa）、位移（mm）。
2. 效应方向：混凝土应力（压为正，拉为负）；位移（上拱为正，下挠为负）。

内力与应力验算汇总表

跨径：30m 中梁

设计荷载：公路－Ⅰ级、城－A级

表1 弯矩组合

编号	荷载或组合	弯矩图	备注
①	裸梁自重		—
②	结构自重		—
③	汽车		不计冲击力（$\mu=0.223$）
④	基本组合		$1.1\times[1.2\times ② +1.4\times ③ \times (1+\mu)]$
⑤	频遇组合		$1\times ② +0.7\times ③$
⑥	准永久组合		$1\times ② +0.4\times ③$
⑦	标准组合		$1\times ② +1\times ③ \times (1+\mu)$

表2 剪力组合

编号	荷载或组合	剪力图	备注
①	裸梁自重		—
②	结构自重		—
③	汽车		不计冲击力（$\mu=0.223$）
④	基本组合		$1.1\times[1.2\times ② +1.4\times ③ \times (1+\mu)]$
⑤	频遇组合		$1\times ② +0.7\times ③$
⑥	准永久组合		$1\times ② +0.4\times ③$
⑦	标准组合		$1\times ② +1\times ③ \times (1+\mu)$

表3 结果验算

	验算内容	计算值	规范限值
持久状况承载能力极限状态	抗弯承载能力		$\gamma_0 M_d \leq M_R$
	抗剪承载能力		$\gamma_0 Q_d \leq Q_R$
持久状况正常使用极限状态	频遇组合正截面下缘拉应力		$\sigma_{st}-\sigma_{pc}\leq 0.7f_{tk}$ $0.7f_{tk}=1.86$MPa（计算值≥-1.86MPa）
	准永久组合正截面下缘拉应力		$\sigma_{lt}-\sigma_{pc}\leq 0$（计算值$\geq 0$MPa）
	频遇组合斜截面主拉应力		$\sigma_{tp}\leq 0.7f_{tk}$ $0.7f_{tk}=1.855$MPa（计算值≥-1.855MPa）
	频遇组合下挠度（考虑长期增长系数）		$\leq(1/600)L$ $=48.7$mm
持久状况应力	标准作用组合正截面最大压应力		$\sigma_{kc}+\sigma_{pt}\leq 0.5f_{ck}$ $0.5f_{ck}=16.2$MPa
	预应力钢筋最大拉应力	1178MPa（最下层一排）	$\sigma_{pe}+\sigma_p\leq 0.65f_{pk}$ $0.65f_{pk}=1209$MPa
	标准作用组合混凝土最大主压应力		$\sigma_{cp}\leq 0.6f_{ck}$ $0.6f_{ck}=19.44$MPa
短暂状况应力	不利状态上缘应力		$\sigma'_{ct}\leq 0.70f'_{tk}$ $0.70f'_{tk}=1.855$MPa（计算值≥-1.855MPa）
	不利状态下缘应力		$\sigma'_{cc}\leq 0.70f'_{ck}$ $0.70f'_{ck}=22.68$MPa
其他	张拉阶段跨中挠度		存梁上拱值30d、60d、90d：42、44、46

注：1. 单位：弯矩（kN·m）、剪力（kN）、应力（MPa）、位移（mm）。
2. 效应方向：混凝土应力（压为正，拉为负）；位移（上拱为正，下挠为负）。

内力与应力验算汇总表

跨径：30m 中梁
设计荷载：公路－Ⅱ级、城－B级

表1 弯矩组合

编号	荷载或组合	弯矩图	备注
①	裸梁自重		—
②	结构自重		—
③	汽车		不计冲击力（μ=0.223）
④	基本组合		$1.1×[1.2×②+1.4×③×(1+\mu)]$
⑤	频遇组合		$1×②+0.7×③$
⑥	准永久组合		$1×②+0.4×③$
⑦	标准组合		$1×②+1×③×(1+\mu)$

表2 剪力组合

编号	荷载或组合	剪力图	备注
①	裸梁自重		—
②	结构自重		—
③	汽车		不计冲击力（μ=0.223）
④	基本组合		$1.1×[1.2×②+1.4×③×(1+\mu)]$
⑤	频遇组合		$1×②+0.7×③$
⑥	准永久组合		$1×②+0.4×③$
⑦	标准组合		$1×②+1×③×(1+\mu)$

表3 结果验算

	验算内容	计算值	规范限值
持久状况承载能力极限状态	抗弯承载能力		$\gamma_0 M_d \leq M_R$
	抗剪承载能力		$\gamma_0 Q_d \leq Q_R$
持久状况正常使用极限状态	频遇组合正截面下缘拉应力		$\sigma_{st}-\sigma_{pc} \leq 0.7f_{tk}$ $0.7f_{tk}$=1.86MPa （计算值≥-1.86MPa）
	准永久组合正截面下缘拉应力		$\sigma_{lt}-\sigma_{pc} \leq 0$ （计算值≥0MPa）
	频遇组合斜截面主拉应力		$\sigma_{tp} \leq 0.7f_{tk}$ $0.7f_{tk}$=1.855MPa （计算值≥-1.855MPa）
	频遇组合下挠度（考虑长期增长系数）		$\leq(1/600)L$ =48.7mm
持久状况应力	标准作用组合正截面最大压应力		$\sigma_{kc}+\sigma_{pt} \leq 0.5f_{ck}$ $0.5f_{ck}$=16.2MPa
	预应力钢筋最大拉应力	1186MPa（最下层一排）	$\sigma_{pe}+\sigma_p \leq 0.65f_{pk}$ $0.65f_{pk}$=1209MPa
	标准作用组合混凝土最大主压应力		$\sigma_{cp} \leq 0.6f_{ck}$ $0.6f_{ck}$=19.44MPa
短暂状况应力	不利状态上缘应力		$\sigma_{ct}^t \leq 0.70f_{tk}^t$ $0.70f_{tk}^t$=1.855MPa （计算值≥-1.855MPa）
	不利状态下缘应力		$\sigma_{cc}^t \leq 0.70f_{ck}^t$ $0.70f_{ck}^t$=22.68MPa
其他	张拉阶段跨中挠度		存梁上拱值30d、60d、90d：37、39、40

注：1. 单位：弯矩（kN·m）、剪力（kN）、应力（MPa）、位移（mm）。
2. 效应方向：混凝土应力（压为正，拉为负）；位移（上拱为正，下挠为负）。

内力与应力验算汇总表

跨径：30m　边梁

设计荷载：公路-I级、城-A级

表1　弯矩组合

编号	荷载或组合	弯矩图	备注
①	裸梁自重		—
②	结构自重		—
③	汽车		不计冲击力（$\mu=0.222$）
④	基本组合		$1.1\times[1.2\times②+1.4\times③\times(1+\mu)]$
⑤	频遇组合		$1\times②+0.7\times③$
⑥	准永久组合		$1\times②+0.4\times③$
⑦	标准组合		$1\times②+1\times③\times(1+\mu)$

表2　剪力组合

编号	荷载或组合	剪力图	备注
①	裸梁自重		—
②	结构自重		—
③	汽车		不计冲击力（$\mu=0.222$）
④	基本组合		$1.1\times[1.2\times②+1.4\times③\times(1+\mu)]$
⑤	频遇组合		$1\times②+0.7\times③$
⑥	准永久组合		$1\times②+0.4\times③$
⑦	标准组合		$1\times②+1\times③\times(1+\mu)$

表3　结果验算

验算内容		计算值	规范限值
持久状况承载能力极限状态	抗弯承载能力		$\gamma_0 M_d \leq M_R$
	抗剪承载能力		$\gamma_0 Q_d \leq Q_R$
持久状况正常使用极限状态	频遇组合正截面下缘拉应力		$\sigma_{st}-\sigma_{pc} \leq 0.7f_{tk}$ $0.7f_{tk}=1.86$MPa （计算值≥-1.86MPa）
	准永久组合正截面下缘拉应力		$\sigma_{lt}-\sigma_{pc} \leq 0$ （计算值≥0MPa）
	频遇组合斜截面主拉应力		$\sigma_{tp} \leq 0.7f_{tk}$ $0.7f_{tk}=1.855$MPa （计算值≥-1.855MPa）
	频遇组合下挠度（考虑长期增长系数）		$\leq(1/600)L$ $=48.7$mm
持久状况应力	标准作用组合正截面最大压应力		$\sigma_{kc}+\sigma_{pt} \leq 0.5f_{ck}$ $0.5f_{ck}=16.2$MPa
	预应力钢筋最大拉应力	1172MPa（最下层一排）	$\sigma_{pe}+\sigma_p \leq 0.65f_{pk}$ $0.65f_{pk}=1209$MPa
	标准作用组合混凝土最大主压应力		$\sigma_{cp} \leq 0.6f_{ck}$ $0.6f_{ck}=19.44$MPa
短暂状况应力	不利状态上缘应力		$\sigma_{ct}^t \leq 0.70f_{ck}'$ $0.70f_{ck}'=1.855$MPa
	不利状态下缘应力		$\sigma_{cc}^t \leq 0.70f_{ck}'$ $0.70f_{ck}'=22.68$MPa
其他	张拉阶段跨中挠度		存梁上拱值30d、60d、90d：48、52、53

注：1. 单位：弯矩（kN·m）、剪力（kN）、应力（MPa）、位移（mm）。
　　2. 效应方向：混凝土应力（压为正，拉为负）；位移（上拱为正，下挠为负）。

内力与应力验算汇总表（跨径30m边梁）设计荷载：公路-I级、城-A级	图集号	2021沪Q001
	页	13

内力与应力验算汇总表

跨径：30m 边梁

设计荷载：公路－Ⅱ级、城－B级

表1 弯矩组合

编号	荷载或组合	弯矩图	备注
①	裸梁自重	(图)	—
②	结构自重	(图)	—
③	汽车	(图)	不计冲击力（μ=0.222）
④	基本组合	(图)	$1.1 \times [1.2 \times ② + 1.4 \times ③ \times (1+\mu)]$
⑤	频遇组合	(图)	$1 \times ② + 0.7 \times ③$
⑥	准永久组合	(图)	$1 \times ② + 0.4 \times ③$
⑦	标准组合	(图)	$1 \times ② + 1 \times ③ \times (1+\mu)$

表2 剪力组合

编号	荷载或组合	剪力图	备注
①	裸梁自重	(图)	—
②	结构自重	(图)	—
③	汽车	(图)	不计冲击力（μ=0.222）
④	基本组合	(图)	$1.1 \times [1.2 \times ② + 1.4 \times ③ \times (1+\mu)]$
⑤	频遇组合	(图)	$1 \times ② + 0.7 \times ③$
⑥	准永久组合	(图)	$1 \times ② + 0.4 \times ③$
⑦	标准组合	(图)	$1 \times ② + 1 \times ③ \times (1+\mu)$

表3 结果验算

	验算内容	计算值	规范限值
持久状况承载能力极限状态	抗弯承载能力	(图)	$\gamma_0 M_d \leq M_R$
	抗剪承载能力	(图)	$\gamma_0 Q_d \leq Q_R$
持久状况正常使用极限状态	频遇组合正截面下缘拉应力	(图)	$\sigma_{st} - \sigma_{pc} \leq 0.7f_{tk}$ $0.7f_{tk}=1.86$MPa （计算值 ≥ −1.86MPa）
	准永久组合正截面下缘拉应力	(图)	$\sigma_{lt} - \sigma_{pc} \leq 0$ （计算值 ≥ 0MPa）
	频遇组合斜截面主拉应力	(图)	$\sigma_{tp} \leq 0.7f_{tk}$ $0.7f_{tk}=1.855$MPa （计算值 ≥ −1.855MPa）
	频遇组合下挠度（考虑长期增长系数）	(图)	$\leq (1/600) L$ $=48.7$mm
持久状况应力	标准作用组合正截面最大压应力	(图)	$\sigma_{kc} + \sigma_{pt} \leq 0.5f_{ck}$ $0.5f_{ck}=16.2$MPa
	预应力钢筋最大拉应力	1180MPa（最下层一排）	$\sigma_{pe} + \sigma_p \leq 0.65f_{pk}$ $0.65f_{pk}=1209$MPa
	标准作用组合混凝土最大主压应力	(图)	$\sigma_{cp} \leq 0.6f_{ck}$ $0.6f_{ck}=19.44$MPa
短暂状况应力	不利状态上缘应力	(图)	$\sigma_{ct}^t \leq 0.70f_{tk}^{'}$ $0.70f_{tk}^{'}=1.855$MPa （计算值 ≥ −1.855MPa）
	不利状态下缘应力	(图)	$\sigma_{cc}^t \leq 0.70f_{ck}^{'}$ $0.70f_{ck}^{'}=22.68$MPa
其他	张拉阶段跨中挠度	(图)	存梁上拱值30d、60d、90d：42、45、46

注：1. 单位：弯矩（kN·m）、剪力（kN）、应力（MPa）、位移（mm）。
  2. 效应方向：混凝土应力（压为正，拉为负）；位移（上拱为正，下挠为负）。

内力与应力验算汇总表（跨径30m 边梁） 设计荷载：公路－Ⅱ级、城－B级	图集号	2021沪Q001
	页	14

内力与应力验算汇总表

跨径：35m　中梁

设计荷载：公路–I级、城–A级

表1　弯矩组合

编号	荷载或组合	弯矩图	备注
①	裸梁自重	(弯矩图：-5, 3056, 4655, 5631, 5983, 5631, 4655, 3056, -5)	—
②	结构自重	(弯矩图：-9, 6143, 9383, 11353, 12049, 11353, 9383, 6143, -9)	—
③	汽车	(弯矩图：-150, -128, -110, -93, -76, -93, -110, -128, -150; 0, 2106, 2803, 3368, 3550, 3368, 2803, 2106, 0)	不计冲击力（$\mu=0.198$）
④	基本组合	(弯矩图：-243, 6560, 10151, 12345, 13138, 12345, 10151, 6560, -243; -9, 11994, 17557, 21199, 22455, 21199, 17557, 11994, -9)	$1.1 \times [1.2 \times ② + 1.4 \times ③ \times (1+\mu)]$
⑤	频遇组合	(弯矩图：-114, 6053, 9306, 11288, 11996, 11288, 9306, 6053, -114; -9, 7617, 11345, 13710, 14534, 13710, 11345, 7617, -9)	$1 \times ② + 0.7 \times ③$
⑥	准永久组合	(弯矩图：-69, 6091, 9339, 11316, 12019, 11316, 9339, 6091, -69; -9, 6985, 10504, 12700, 13469, 12700, 10504, 6985, -9)	$1 \times ② + 0.4 \times ③$
⑦	标准组合	(弯矩图：-159, 6015, 9272, 11260, 11973, 11260, 9272, 6015, -159; -9, 8666, 12741, 15387, 16302, 15387, 12741, 8666, -9)	$1 \times ② + 1 \times ③ \times (1+\mu)$

表2　剪力组合

编号	荷载或组合	剪力图	备注
①	裸梁自重	(剪力图：730, 478, 322, 166, 0, -166, -322, -478, -730)	—
②	结构自重	(剪力图：1438, 969, 651, 334, 0, -334, -651, -969, -1438)	—
③	汽车	(剪力图：669, 435, 311, 251, 196, 145, 97, 63, 5; -5, -63, -97, -145, -196, -251, -311, -435, -669)	不计冲击力（$\mu=0.198$）
④	基本组合	(剪力图：3053, 2081, 1433, 903, 362; 1523, 949, 537, 99; -99, -537, -949, -1523; -362, -903, -1433, -2081, -3053)	$1.1 \times [1.2 \times ② + 1.4 \times ③ \times (1+\mu)]$
⑤	频遇组合	(剪力图：1907, 1273, 869, 509, 137; 1434, 925, 583, 232; -137, -509, -869, -1273, -1907; -232, -583, -925, -1434)	$1 \times ② + 0.7 \times ③$
⑥	准永久组合	(剪力图：1706, 1143, 775, 434, 78; 1436, 944, 612, 276; -78, -434, -775, -1143, -1706; -276, -612, -944, -1436)	$1 \times ② + 0.4 \times ③$
⑦	标准组合	(剪力图：2181, 1490, 1023, 634, 235; 1386, 893, 535, 160; -160, -535, -893, -1386; -235, -634, -1023, -1490, -2181)	$1 \times ② + 1 \times ③ \times (1+\mu)$

表3　结果验算

验算内容		计算值	规范限值
持久状况承载能力极限状态	抗弯承载能力	(弯矩图：-11210, 6560, 10151, 13138, 10151, 6560, -11210; -243, 11994, 17557, 21199, 22455, 23235, 22455, 21199, 17557, 11994, -243; -9, 19412, 21920, 23275, 23535, 23275, 21920, 19412, -9)	$\gamma_0 M_d \leq M_R$
	抗剪承载能力	(剪力图：4757, 2559, 2402, 4757; -4757, -2402, -2488, -2559, -4757)	$\gamma_0 Q_d \leq Q_R$
持久状况正常使用极限状态	频遇组合正截面下缘拉应力	(应力图：6.8, 7.2, 5.6, 4.8, 4.3, 4.8, 5.6, 7.1, 6.8; 6.0, 4.6, 2.3, 1.0, 0.3, 1.0, 2.3, 4.6, 6.0)	$\sigma_{st} - \sigma_{pc} \leq 0.7 f_{tk}$ $0.7 f_{tk} = 1.86$ MPa （计算值≥-1.86MPa）
	准永久组合正截面下缘拉应力	(应力图：7.2, 8.5, 7.1, 6.1, 5.7, 6.1, 7.1, 8.5, 7.2; 7.1, 7.4, 5.6, 4.5, 3.9, 4.5, 5.6, 7.4, 7.1)	$\sigma_{lt} - \sigma_{pc} \leq 0$ （计算值≥0MPa）
	频遇组合斜截面主拉应力	(应力图：-0.3, -0.2, -0.2, -0.3)	$\sigma_{tp} \leq 0.7 f_{tk}$ $0.7 f_{tk} = 1.855$ MPa （计算值≥-1.855MPa）
	频遇组合下挠度（考虑长期增长系数）	(挠度图：-6, -12, -13, -12, -6)	$\leq (1/600) L$ $= 57.0$ mm
持久状况应力	标准作用组合正截面最大压应力	(应力图：6.7, 11.5, 13.1, 14.4, 15.1, 13.1, 11.5, 6.7; 7.0, 5.8, 5.2, 4.5, 5.2, 5.8, 7.0)	$\sigma_{kc} + \sigma_{pt} \leq 0.5 f_{ck}$ $0.5 f_{ck} = 16.2$ MPa
	预应力钢筋最大拉应力	1185MPa（最下层一排）	$\sigma_{pe} + \sigma_p \leq 0.65 f_{pk}$ $0.65 f_{pk} = 1209$ MPa
	标准作用组合混凝土最大主压应力	(应力图：7.0, 11.5, 13.1, 14.4, 15.1, 13.1, 11.5, 7.0)	$\sigma_{cp} \leq 0.6 f_{ck}$ $0.6 f_{ck} = 19.44$ MPa
短暂状况应力	不利状态上缘应力	(应力图：4.4, 2.9, 2.5, 2.7, 2.5, 2.9, 4.4; 7.1, 15.7, 16.5, 16.4, 16.5, 15.7, 7.1)	$\sigma_{ct}^t \leq 0.70 f_{tk}'$ $0.70 f_{tk}' = 1.855$ MPa （计算值≥-1.855MPa）
	不利状态下缘应力	(应力图：14.1, 15.7, 16.5, 16.4, 16.5, 15.7, 14.1)	$\sigma_{cc}^t \leq 0.70 f_{ck}'$ $0.70 f_{ck}' = 22.68$ MPa
其他	张拉阶段跨中挠度	(挠度图：16, 28, 36, 39, 36, 28, 16; 0, 0)	存梁上拱值 30d、60d、90d：49、52、54

注：1. 单位：弯矩（kN·m）、剪力（kN）、应力（MPa）、位移（mm）。
　　2. 效应方向：混凝土应力（压为正，拉为负）；位移（上拱为正，下挠为负）。

内力与应力验算汇总表

跨径：35m 中梁
设计荷载：公路－Ⅱ级、城－B级

表1 弯矩组合

编号	荷载或组合	弯矩图	备注
①	裸梁自重		—
②	结构自重		—
③	汽车		不计冲击力（$\mu=0.198$）
④	基本组合		$1.1\times[1.2\times②+1.4\times③\times(1+\mu)]$
⑤	频遇组合		$1\times②+0.7\times③$
⑥	准永久组合		$1\times②+0.4\times③$
⑦	标准组合		$1\times②+1\times③\times(1+\mu)$

表2 剪力组合

编号	荷载或组合	剪力图	备注
①	裸梁自重		—
②	结构自重		—
③	汽车		不计冲击力（$\mu=0.198$）
④	基本组合		$1.1\times[1.2\times②+1.4\times③\times(1+\mu)]$
⑤	频遇组合		$1\times②+0.7\times③$
⑥	准永久组合		$1\times②+0.4\times③$
⑦	标准组合		$1\times②+1\times③\times(1+\mu)$

表3 结果验算

	验算内容	计算值	规范限值
持久状况承载能力极限状态	抗弯承载能力		$\gamma_0 M_d \leq M_R$
	抗剪承载能力		$\gamma_0 Q_d \leq Q_R$
持久状况正常使用极限状态	频遇组合正截面下缘拉应力		$\sigma_{st}-\sigma_{pc} \leq 0.7f_{tk}$ $0.7f_{tk}=1.86$MPa （计算值≥－1.86MPa）
	准永久组合正截面下缘拉应力		$\sigma_{lt}-\sigma_{pc} \leq 0$ （计算值≥0MPa）
	频遇组合斜截面主拉应力		$\sigma_{tp} \leq 0.7f_{tk}$ $0.7f_{tk}=1.855$MPa （计算值≥－1.855MPa）
	频遇组合下挠度（考虑长期增长系数）		$\leq (1/600)L$ $=57.0$mm
持久状况应力	标准作用组合正截面最大压应力		$\sigma_{kc}+\sigma_{pt} \leq 0.5f_{ck}$ $0.5f_{ck}=16.2$MPa
	预应力钢筋最大拉应力	1194MPa（最下层一排）	$\sigma_{pe}+\sigma_p \leq 0.65f_{pk}$ $0.65f_{pk}=1209$MPa
	标准作用组合混凝土最大主压应力		$\sigma_{cp} \leq 0.6f_{ck}$ $0.6f_{ck}=19.44$MPa
短暂状况应力	不利状态上缘应力		$\sigma_{ct}^l \leq 0.70f_{tk}^l$ $0.70f_{tk}^l=1.855$MPa （计算值≥－1.855MPa）
	不利状态下缘应力		$\sigma_{cc}^l \leq 0.70f_{ck}^l$ $0.70f_{ck}^l=22.68$MPa
其他	张拉阶段跨中挠度		存梁上拱值30d、60d、90d：42、44、46

注：1. 单位：弯矩（kN·m）、剪力（kN）、应力（MPa）、位移（mm）。
2. 效应方向：混凝土应力（压为正，拉为负）；位移（上拱为正，下挠为负）。

内力与应力验算汇总表（跨径35m中梁） 设计荷载：公路－Ⅱ级、城－B级	图集号	2021沪Q001
	页	16

内力与应力验算汇总表

跨径：35m 边梁
设计荷载：公路-Ⅰ级、城-A级

表1 弯矩组合

编号	荷载或组合	弯矩图	备注
①	裸梁自重		—
②	结构自重		—
③	汽车		不计冲击力（μ=0.198）
④	基本组合		$1.1\times[1.2\times ② +1.4\times ③ \times(1+\mu)]$
⑤	频遇组合		$1\times ② +0.7\times ③$
⑥	准永久组合		$1\times ② +0.4\times ③$
⑦	标准组合		$1\times ② +1\times ③ \times(1+\mu)$

表2 剪力组合

编号	荷载或组合	剪力图	备注
①	裸梁自重		—
②	结构自重		—
③	汽车		不计冲击力（μ=0.198）
④	基本组合		$1.1\times[1.2\times ② +1.4\times ③ \times(1+\mu)]$
⑤	频遇组合		$1\times ② +0.7\times ③$
⑥	准永久组合		$1\times ② +0.4\times ③$
⑦	标准组合		$1\times ② +1\times ③ \times(1+\mu)$

表3 结果验算

	验算内容	计算值	规范限值
持久状况承载能力极限状态	抗弯承载能力		$\gamma_0 M_d \leq M_R$
	抗剪承载能力		$\gamma_0 Q_d \leq Q_R$
持久状况正常使用极限状态	频遇组合正截面下缘拉应力		$\sigma_{st}-\sigma_{pc}\leq 0.7f_{tk}$ $0.7f_{tk}$=1.86MPa （计算值≥ -1.86MPa）
	准永久组合正截面下缘拉应力		$\sigma_{lt}-\sigma_{pc}\leq 0$ （计算值≥ 0MPa）
	频遇组合斜截面主拉应力		$\sigma_{tp}\leq 0.7f_{tk}$ $0.7f_{tk}$=1.855MPa （计算值≥ -1.855MPa）
	频遇组合下挠度（考虑长期增长系数）		≤（1/600）L =57.0mm
持久状况应力	标准作用组合正截面最大压应力		$\sigma_{kc}\leq\sigma_{pt}\leq 0.5f_{ck}$ $0.5f_{ck}$=16.2MPa
	预应力钢筋最大拉应力	1178MPa（最下层一排）	$\sigma_{pe}+\sigma_p\leq 0.65f_{pk}$ $0.65f_{pk}$=1209MPa
	标准作用组合混凝土最大主压应力		$\sigma_{cp}\leq 0.6f_{ck}$ $0.6f_{ck}$=19.44MPa
短暂状况应力	不利状态上缘应力		$\sigma'_{ct}\leq 0.70f'_{tk}$ $0.70f'_{tk}$=1.855MPa （计算值≥ -1.855MPa）
	不利状态下缘应力		$\sigma'_{cc}\leq 0.70f'_{ck}$ $0.70f'_{ck}$=22.68MPa
其他	张拉阶段跨中挠度		存梁上拱值30d、60d、90d：53、57、58

注：1. 单位：弯矩（kN·m）、剪力（kN）、应力（MPa）、位移（mm）。
2. 效应方向：混凝土应力（压为正，拉为负）；位移（上拱为正，下挠为负）。

内力与应力验算汇总表（跨径35m边梁） 设计荷载：公路-Ⅰ级、城-A级	图集号 2021沪Q001 页 17

内力与应力验算汇总表

跨径：35m 边梁
设计荷载：公路－Ⅱ级、城－B级

表1 弯矩组合

编号	荷载或组合	弯矩图	备注
①	裸梁自重		—
②	结构自重		—
③	汽车		不计冲击力（μ=0.198）
④	基本组合		$1.1\times[1.2\times$②$+1.4\times$③$\times(1+\mu)]$
⑤	频遇组合		$1\times$②$+0.7\times$③
⑥	准永久组合		$1\times$②$+0.4\times$③
⑦	标准组合		$1\times$②$+1\times$③$\times(1+\mu)$

表2 剪力组合

编号	荷载或组合	剪力图	备注
①	裸梁自重		—
②	结构自重		—
③	汽车		不计冲击力（μ=0.198）
④	基本组合		$1.1\times[1.2\times$②$+1.4\times$③$\times(1+\mu)]$
⑤	频遇组合		$1\times$②$+0.7\times$③
⑥	准永久组合		$1\times$②$+0.4\times$③
⑦	标准组合		$1\times$②$+1\times$③$\times(1+\mu)$

表3 结果验算

	验算内容	计算值	规范限值
持久状况承载能力极限状态	抗弯承载能力		$\gamma_0 M_d \leq M_R$
	抗剪承载能力		$\gamma_0 Q_d \leq Q_R$
持久状况正常使用极限状态	频遇组合正截面下缘拉应力		$\sigma_{st}-\sigma_{pc}\leq 0.7f_{tk}$ $0.7f_{tk}=1.86$MPa （计算值≥-1.86MPa）
	准永久组合正截面下缘拉应力		$\sigma_{lt}-\sigma_{pc}\leq 0$ （计算值≥ 0MPa）
	频遇组合斜截面主拉应力		$\sigma_{tp}\leq 0.7f_{tk}$ $0.7f_{tk}=1.855$MPa （计算值≥-1.855MPa）
	频遇组合下挠度（考虑长期增长系数）		$\leq(1/600)L$ $=57.0$mm
持久状况应力	标准作用组合正截面最大压应力		$\sigma_{kc}+\sigma_{pt}\leq 0.5f_{ck}$ $0.5f_{ck}=16.2$MPa
	预应力钢筋最大拉应力	1187MPa（最下层一排）	$\sigma_{pe}+\sigma_p\leq 0.65f_{pk}$ $0.65f_{pk}=1209$MPa
	标准作用组合混凝土最大主压应力		$\sigma_{cp}\leq 0.6f_{ck}$ $0.6f_{ck}=19.44$MPa
短暂状况应力	不利状态上缘应力		$\sigma'_{ct}\leq 0.70f'_{tk}$ $0.70f'_{tk}=1.855$MPa （计算值≥-1.855MPa）
	不利状态下缘应力		$\sigma'_{cc}\leq 0.70f'_{tk}$ $0.70f'_{tk}=22.68$MPa
其他	张拉阶段跨中挠度		存梁上拱值30d、60d、90d：49、52、54

注：1. 单位：弯矩（kN·m）、剪力（kN）、应力（MPa）、位移（mm）。
2. 效应方向：混凝土应力（压为正，拉为负）；位移（上拱为正，下挠为负）。

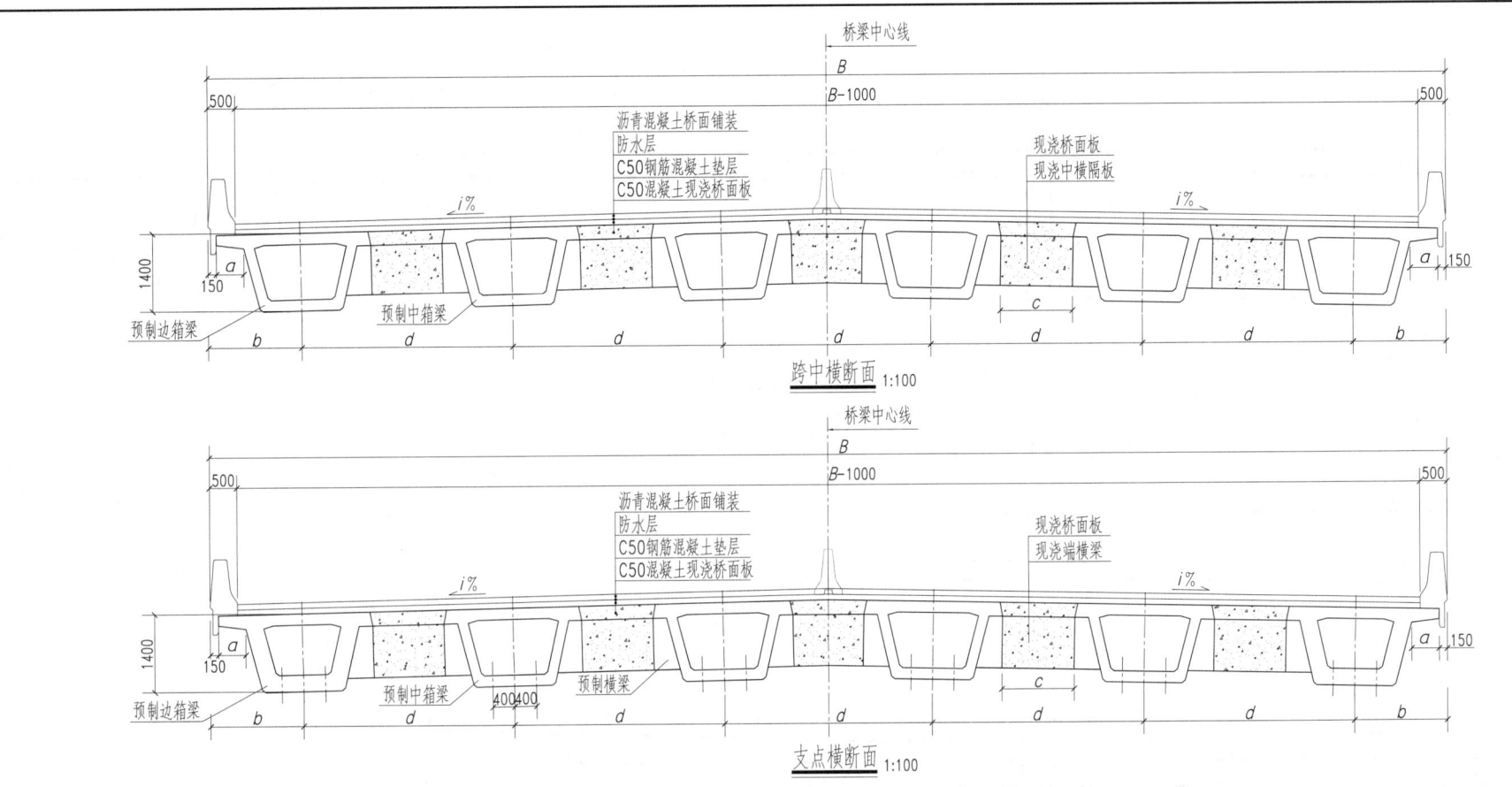

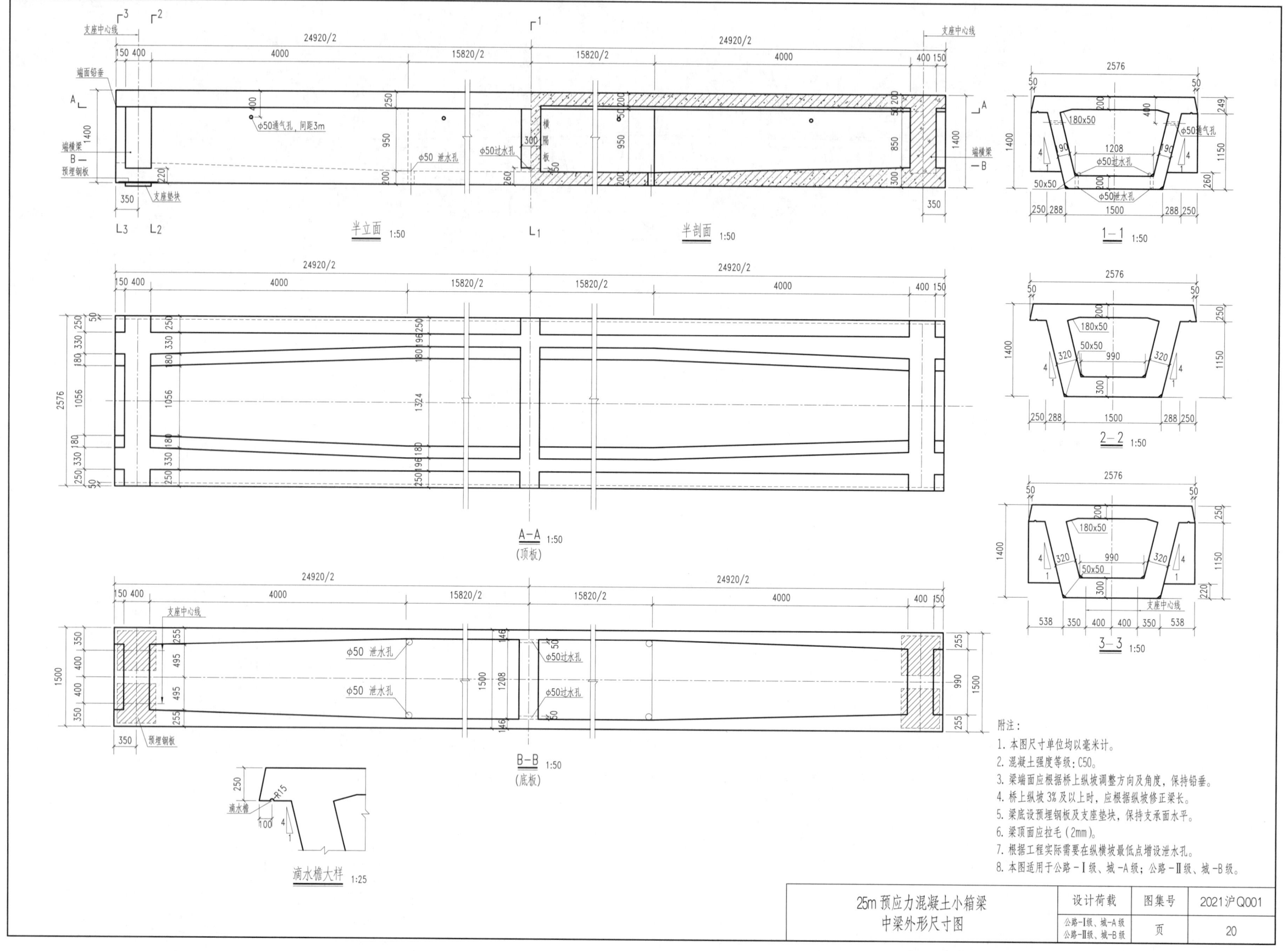

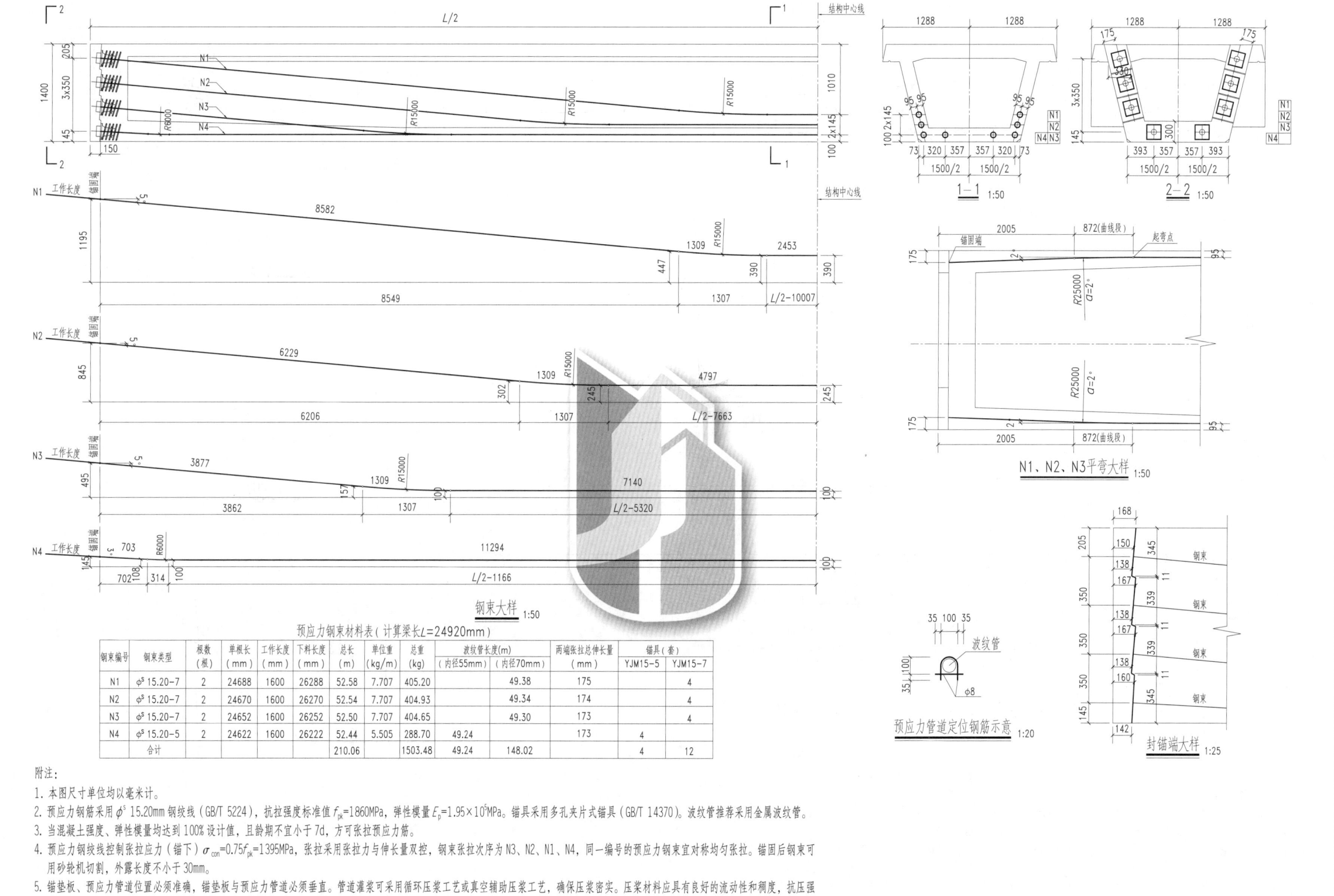

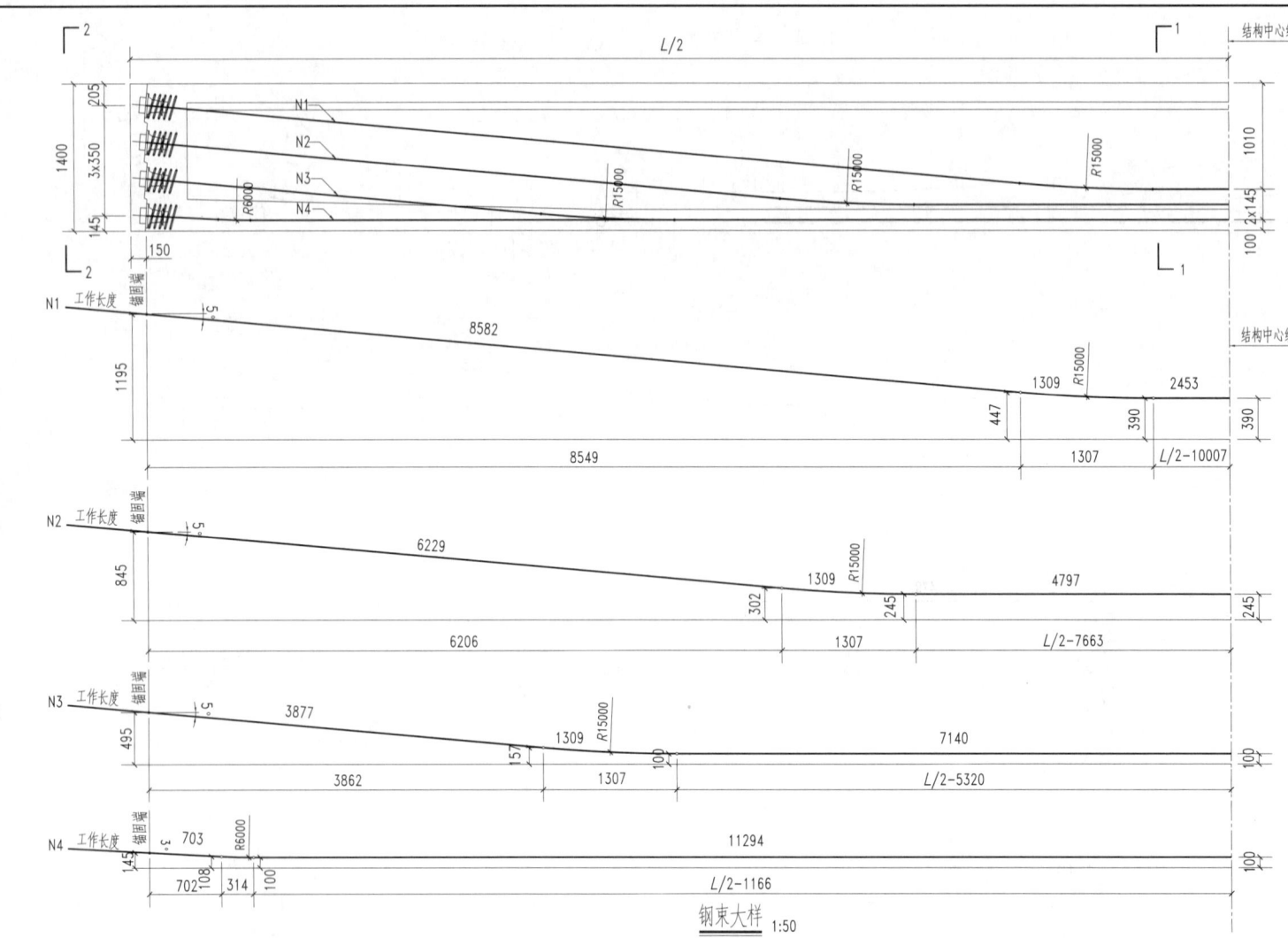
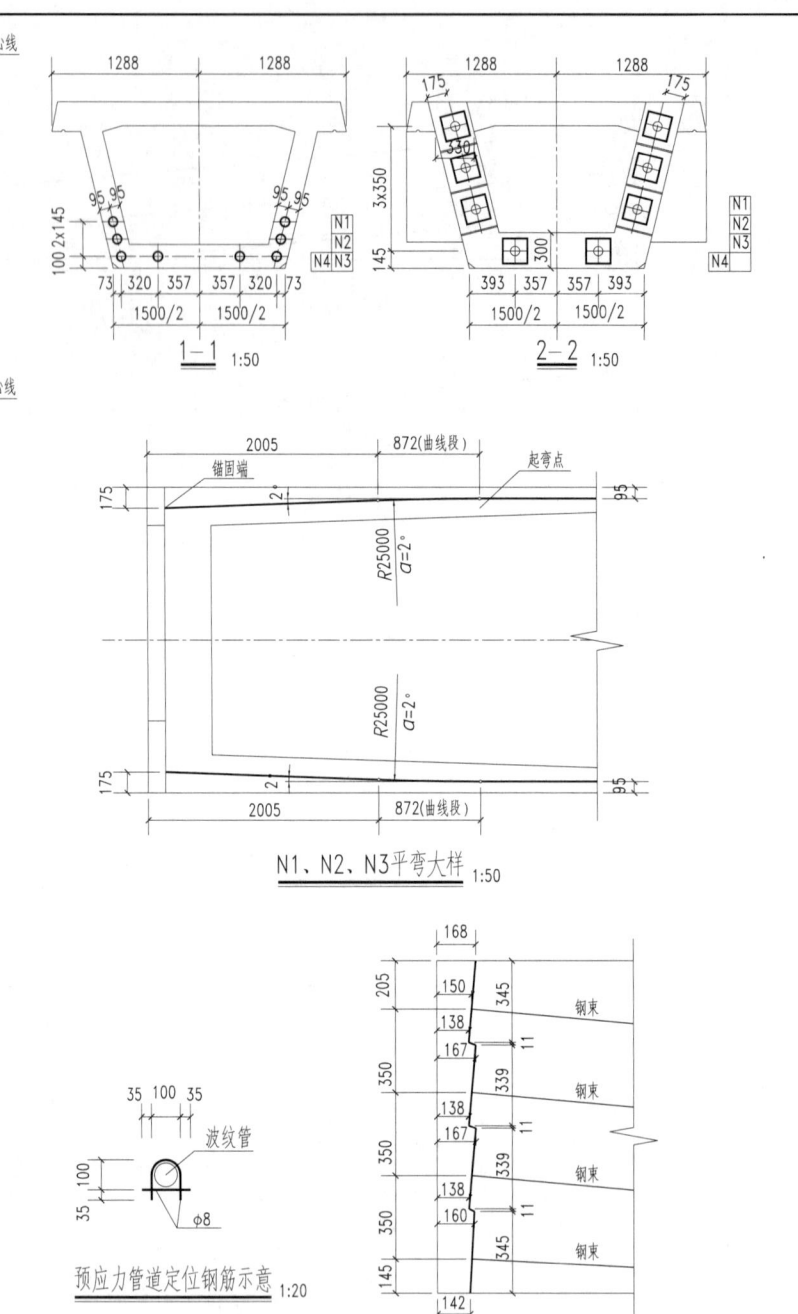

预应力钢束材料表（计算梁长L=24920mm）

钢束编号	钢束类型	根数（根）	单根长（mm）	工作长度（mm）	下料长度（mm）	总长（m）	单位重（kg/m）	总重（kg）	波纹管总长度(m)（内径55mm）	波纹管总长度(m)（内径70mm）	两端张拉总伸长量（mm）	锚具（套）YJM15-5	锚具（套）YJM15-7
N1	$\phi^s15.20-7$	2	24688	1600	26288	52.58	7.707	405.20		49.38	175		4
N2	$\phi^s15.20-7$	2	24670	1600	26270	52.54	7.707	404.93		49.34	174		4
N3	$\phi^s15.20-5$	2	24652	1600	26252	52.50	5.505	289.03		49.30	173	4	
N4	$\phi^s15.20-5$	2	24622	1600	26222	52.44	5.505	288.70	49.24		173	4	
合计						210.06		1387.86	49.24	148.02		8	8

附注：
1. 本图尺寸单位均以毫米计。
2. 预应力钢筋采用 ϕ^s 15.20mm 钢绞线（GB/T 5224），抗拉强度标准值 f_{pk}=1860MPa，弹性模量 E_p=1.95×10⁵MPa。锚具采用多孔夹片式锚具（GB/T 14370）。波纹管推荐采用金属波纹管。
3. 当混凝土强度、弹性模量均达到100%设计值，且龄期不宜小于7d，方可张拉预应力筋。
4. 预应力钢绞线控制张拉应力（锚下）σ_{con}=0.75f_{pk}=1395MPa，张拉采用张拉力与伸长量双控，钢束张拉次序为N3、N2、N1、N4，同一编号的预应力钢束宜对称均匀张拉。锚固后钢束可用砂轮机切割，外露长度不小于30mm。
5. 锚垫板、预应力管道位置必须准确，锚垫板与预应力管道必须垂直。管道灌浆可采用循环压浆工艺或真空辅助压浆工艺，确保压浆密实。压浆材料应具有良好的流动性和稠度，抗压强度不小于50MPa。压浆后梁端部凿毛，封锚采用微膨胀C50细石混凝土，水胶比不大于0.36。
6. 普通钢筋与预应力钢束管道发生冲突时，普通钢筋位置可适当调整。在张拉槽处可临时切断，封锚时焊接恢复。
7. 预应力管道定位钢筋按0.5m设置1组。每片梁按78.53kg计。
8. 本图适用于公路-Ⅱ级、城-B级。

25m预应力混凝土小箱梁中梁预应力构造图	设计荷载	图集号 2021沪Q001
	公路-Ⅱ级、城-B级	页 22

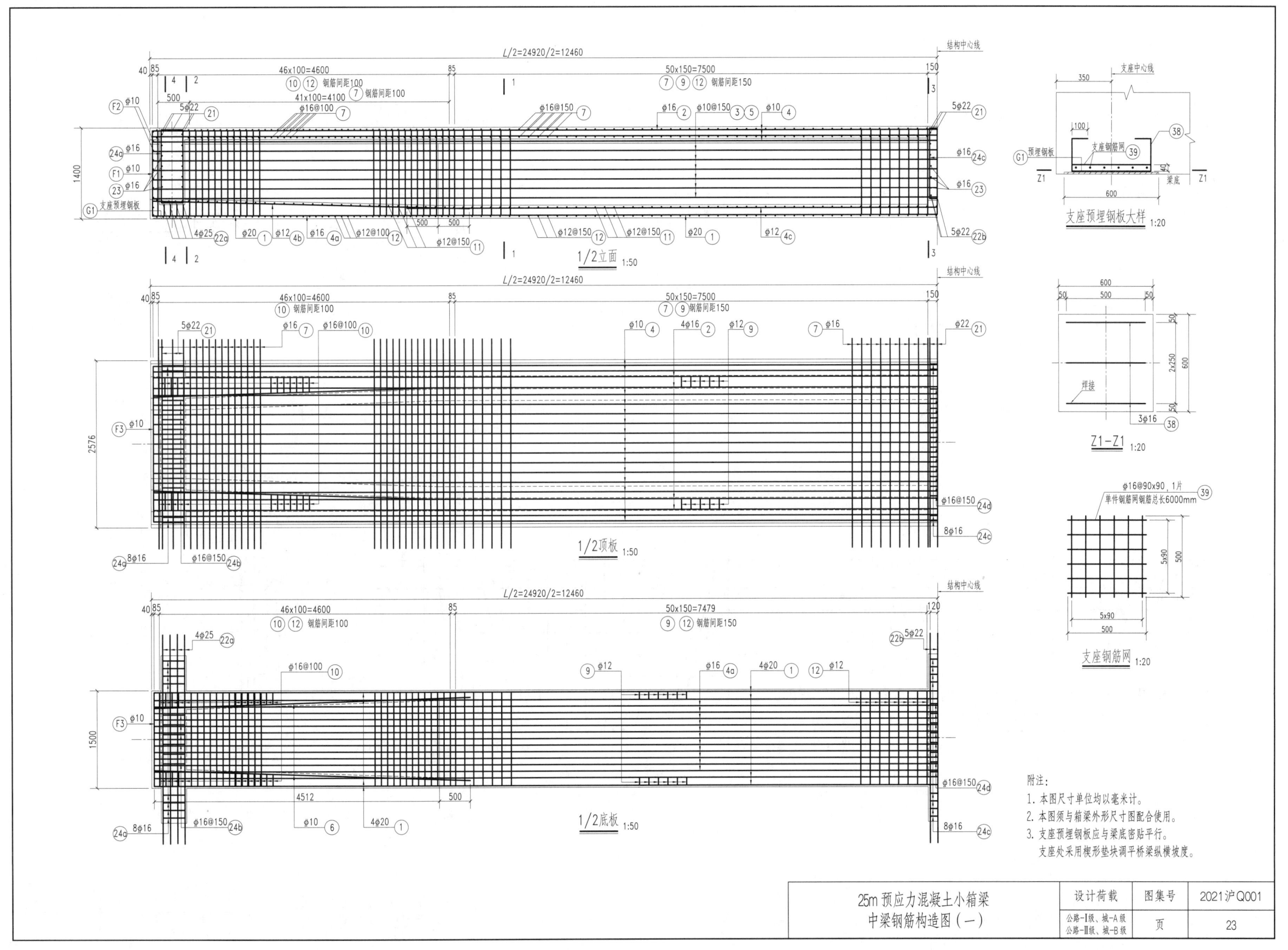

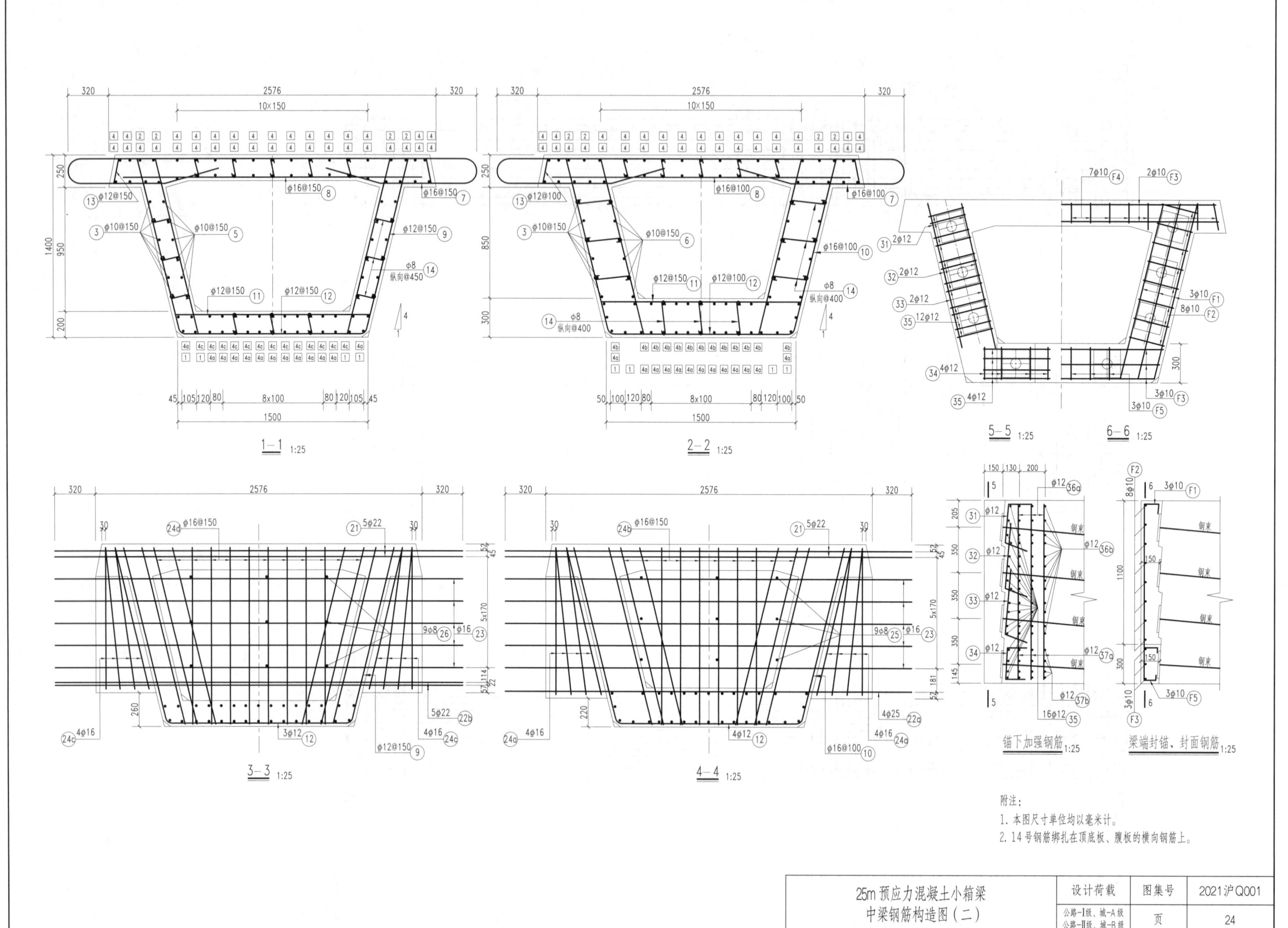

表1 钢筋用量表(单片梁)

编号	略图	直径(mm)	每根长(mm)	根数(根)	总长(m)	单位重(kg/m)	总重(kg)
1	24840	φ20	24840	4	99.36	2.466	245.02
2	24840	φ16	24840	4	99.36	1.578	156.79
3	24840	φ10	24840	12	298.08	0.617	183.92
4	24840	φ10	24840	34	844.56	0.617	521.09
4a	24840	φ16	24840	13	322.92	1.578	509.57
4b	5100 5100	φ12	5100	26	132.60	0.888	117.75
4c	16820	φ12	16820	13	218.66	0.888	194.17
5	16820	φ10	16820	12	201.84	0.617	124.54
6	5100 5100	φ10	5100	24	122.40	0.617	75.52
7	3026 R298 436 436 R95 671~805 671~805	φ16	5970	188	1122.36	1.578	1771.08
8	2346	φ16	2346	188	441.05	1.578	695.98
9	160 210 1389 1385	φ12	3382	206	696.69	0.888	618.66
10	3600 142 138~272	φ16	3600	188	676.8	1.578	1067.99
11	300 1533~1583 300	φ12	2158	160	345.28	0.888	306.61
12	300 1459 300	φ12	2059	197	405.62	0.888	360.19
13	180 194 180	φ12	554	376	208.30	0.888	184.97
14	80 80 372 148~276	φ8	372	784	291.65	0.395	115.20

续表1

编号	略图	直径(mm)	每根长(mm)	根数(根)	总长(m)	单位重(kg/m)	总重(kg)
21	3216	φ22	3216	15	48.24	2.984	143.95
22a	3216	φ25	3216	8	25.73	3.853	99.13
22b	3216	φ22	3216	5	16.08	2.984	47.99
23	3216	φ16	3216	30	96.48	1.578	152.25
24a	210 210 1124~1158 1134~1385 344 344	φ16	3380	16	54.08	1.578	85.34
24b		φ16	3840	20	76.80	1.578	121.10
24c	210 1084~1115 1134~1385	φ16	3087	8	24.70	1.578	38.98
24d	234 234	φ16	3804	12	45.64	1.578	72.02
25	80 336 80	φ8	496	18	8.92	0.395	3.52
26	80 236 80	φ8	396	9	3.56	0.395	1.40
31	180 296 180	φ12	656	8	5.25	0.888	4.66
32	180 500 180	φ12	680	8	5.44	0.888	4.84
33	180 500 180	φ12	680	8	5.44	0.888	4.84
34	240 600	φ12	600	16	9.60	0.888	8.53
35	180 268,500 180	φ12	628,860	48,16	43.9	0.888	38.99
36a	1135	φ12	1135	36	40.86	0.888	36.28
36b	285	φ12	285	144	41.04	0.888	36.44
37a	300	φ12	300	48	14.40	0.888	12.79
37b	285	φ12	285	48	13.68	0.888	12.15
38	100 100 200 500	φ16	1100	12	13.20	1.578	20.83

续表1

编号	略图	直径(mm)	每根长(mm)	根数(根)	总长(m)	单位重(kg/m)	总重(kg)
39	支座钢筋网	φ16	6000	4	24.00	1.58	37.92
G1	Q235B钢板 t=12	600×600				33.91	135.65
合计	C50混凝土:35.24m³	钢筋: HPB300(φ) 120.12kg HRB400(Φ)8112.88kg				钢板:135.65kg	
		总重:8233.00kg					

表2 梁端封锚、封面钢筋表(单片梁两端)

编号	略图	直径(mm)	每根长(mm)	根数(根)	总长(m)	单位重(kg/m)	总重(kg)
F1	125 100 1385	φ10	1809	12	21.71	0.617	13.40
F2	280 100 99	φ10	280	32	8.96	0.617	5.53
F3	1450~3216	φ10	2333	28	23.33	0.617	14.39
F4	150~200 115 250 100 100	φ10	175	28	4.90	0.617	3.02
F5	99	φ10	664	12	7.97	0.617	4.92
合计	钢筋:HRB400(Φ) 41.3kg						

附注:
1. 本图尺寸均以毫米计。
2. 主要材料:C50混凝土;钢筋:HPB300(φ),HRB400(Φ)。
3. 钢筋净保护层不小于20mm。
4. 直径≥16mm钢筋采用焊接连接,直径<16mm钢筋可采用绑扎。
   焊缝长度:单面焊10d,双面焊5d(d为钢筋直径)。
5. 当普通钢筋与预应力管道相碰时,钢筋位置可适当调整。
6. 锚下垫板须与预应力钢束垂直,封锚钢筋F1、F5与钢垫板点焊。
7. 钢筋长度以实际施工放样尺寸为准。
8. 梁端设伸缩缝处,应按伸缩装置构造图要求设置预埋件。
9. 本图须与中梁外形尺寸图配合使用。
10. 本图材料以梁长L=24.92m计。
11. 本图适用于公路-Ⅰ级、城-A级;公路-Ⅱ级、城-B级。

25m预应力混凝土小箱梁
中梁钢筋构造图(三)

设计荷载:公路-Ⅰ级、城-A级 公路-Ⅱ级、城-B级
图集号:2021沪Q001

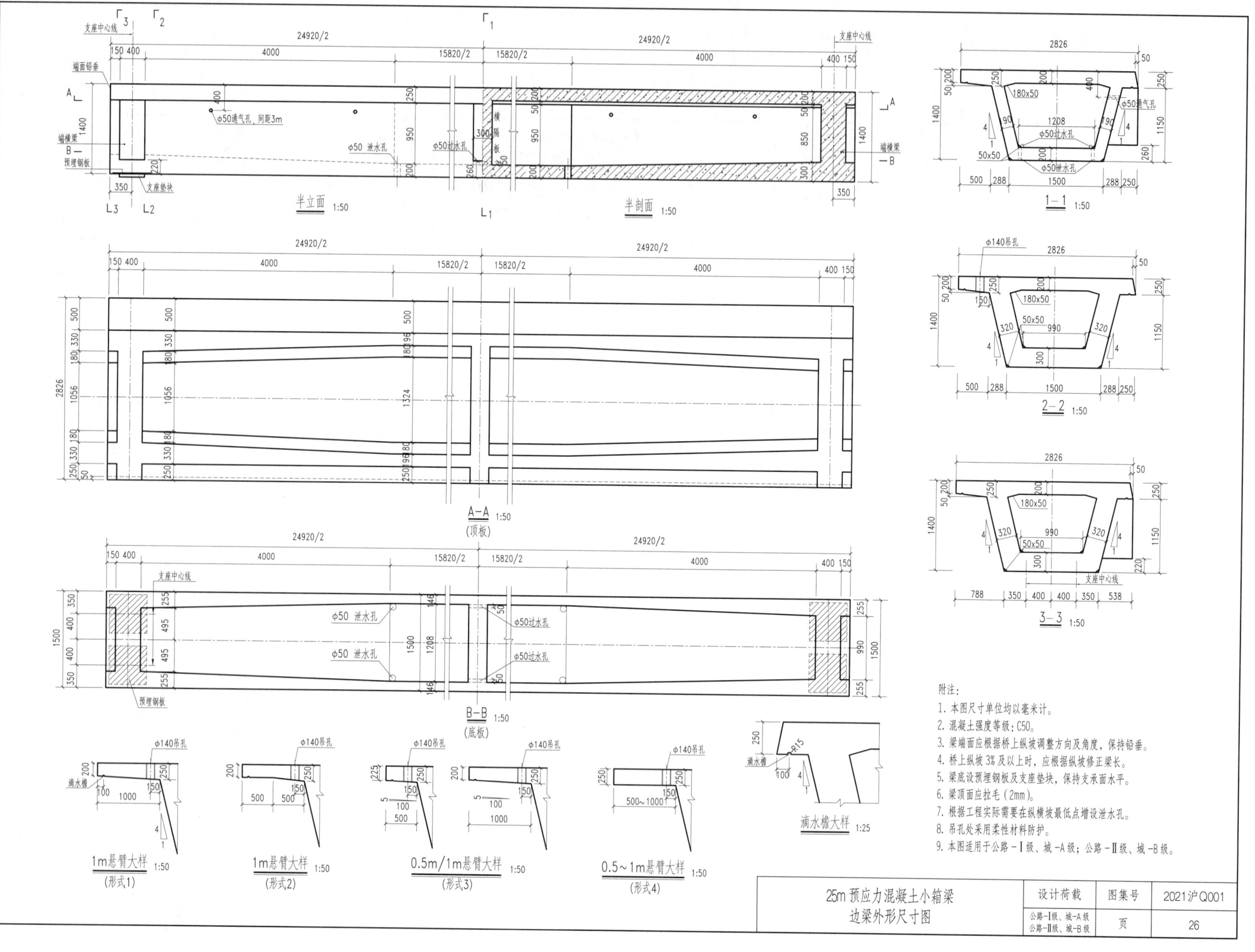

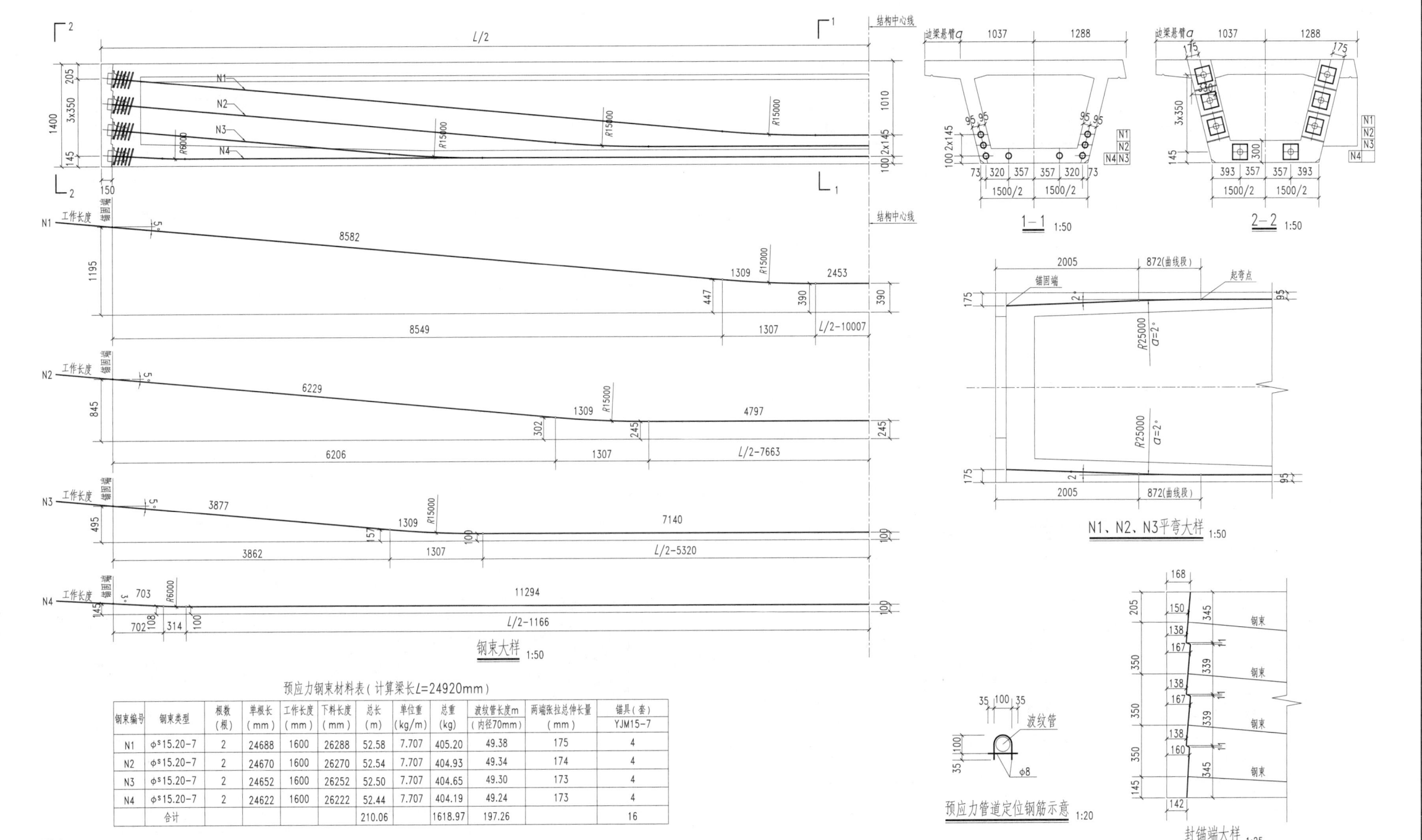

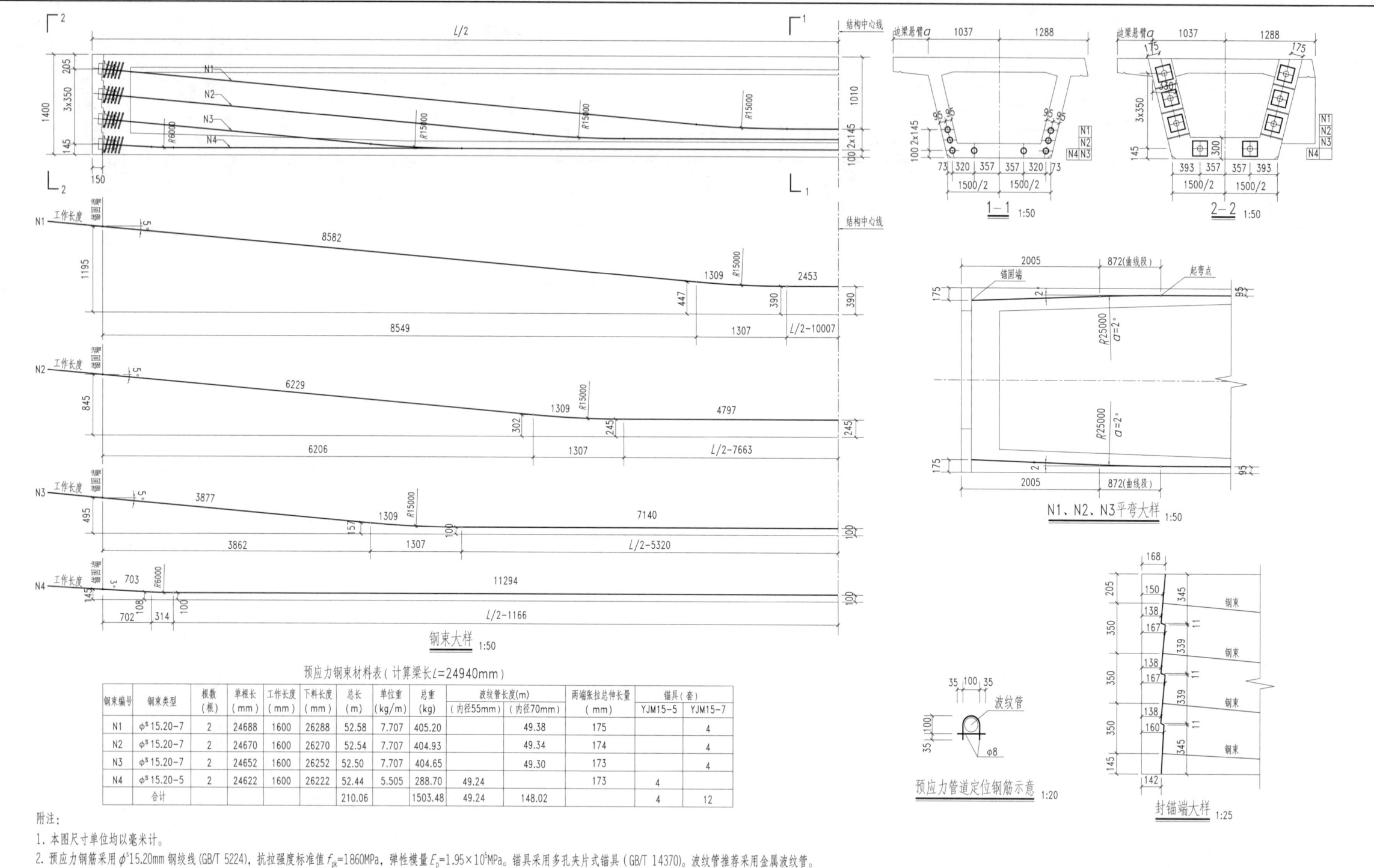

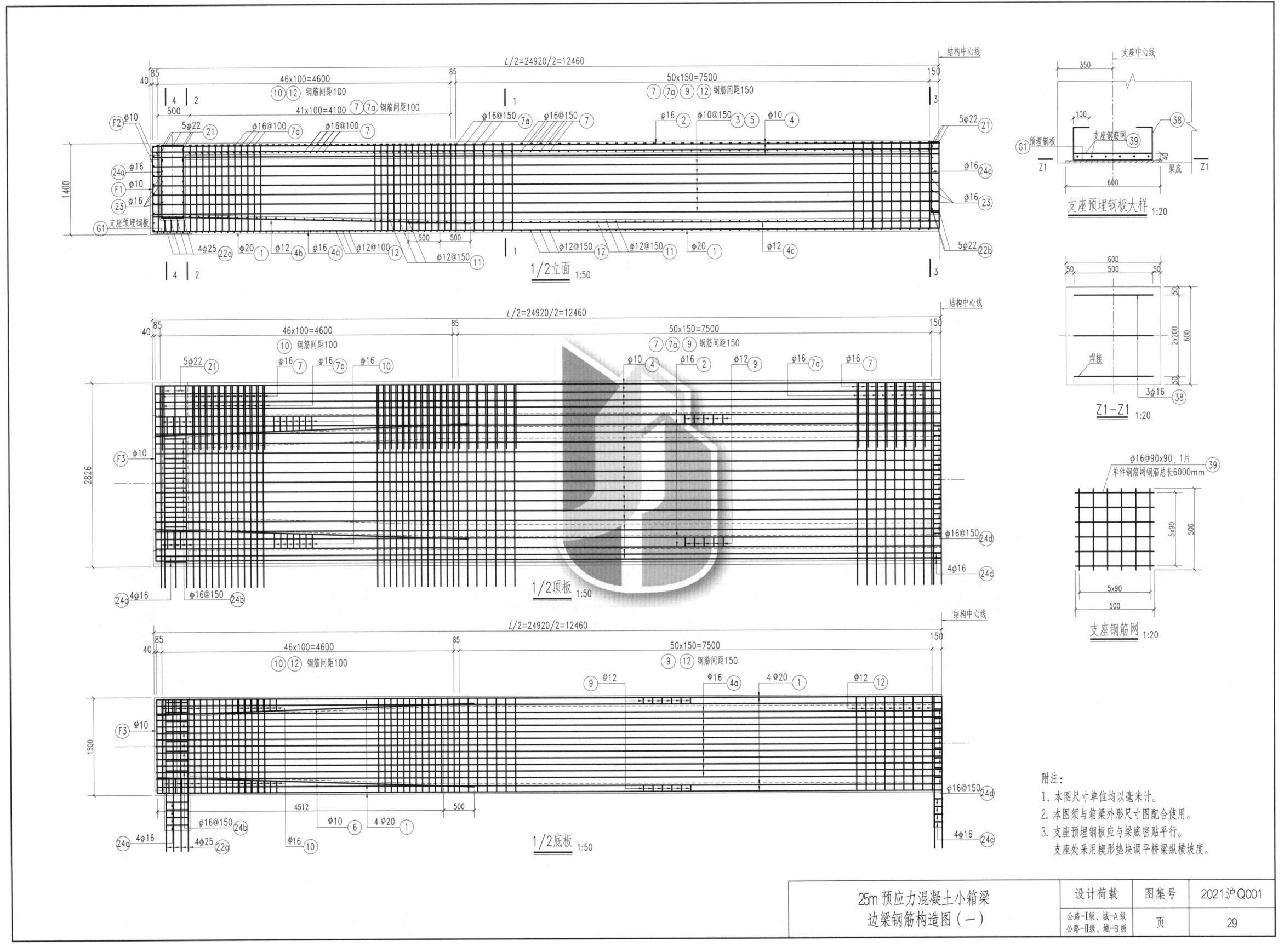

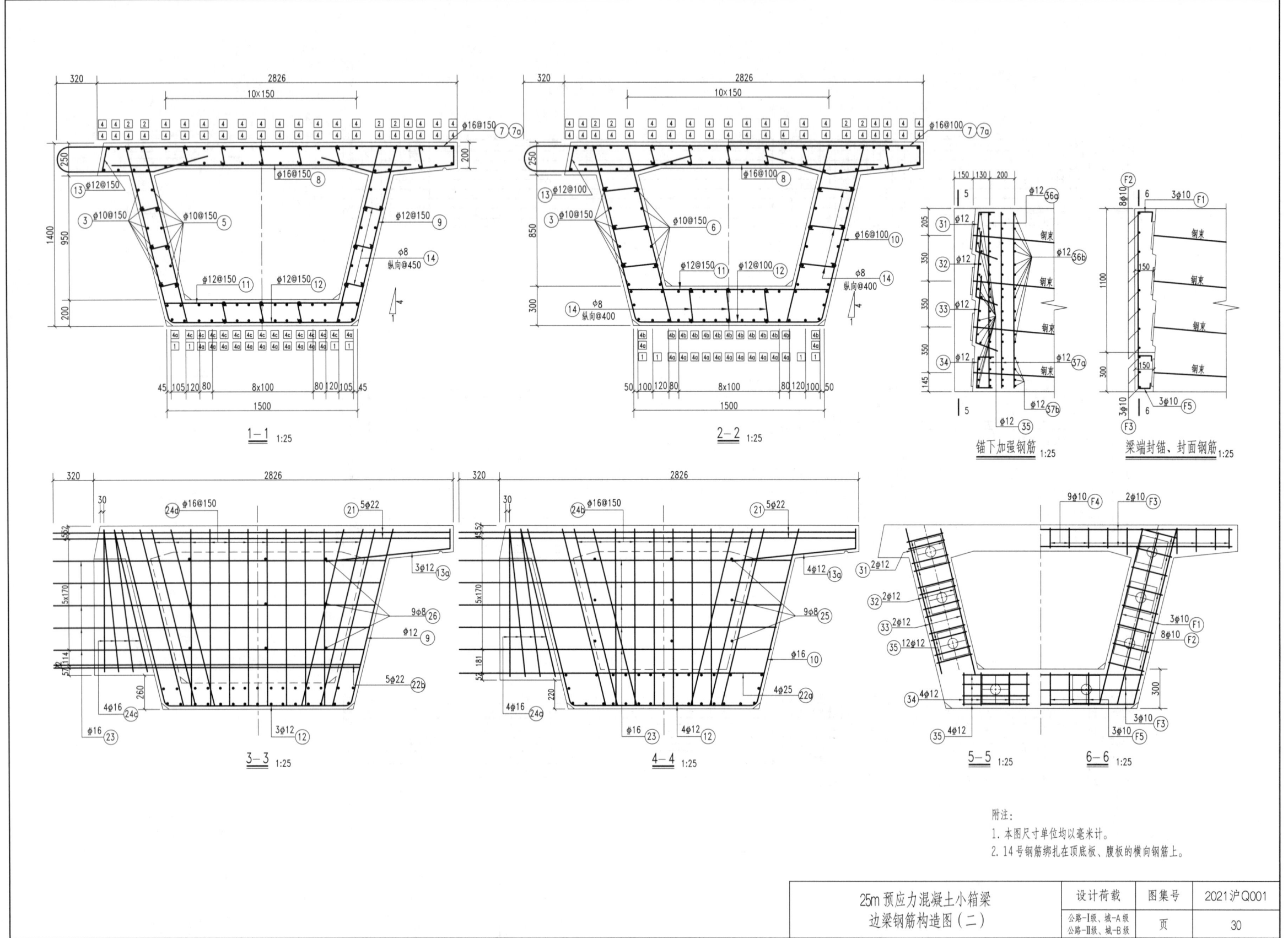

表1 钢筋用量表(单片梁)

编号	略图	直径(mm)	每根长(mm)	根数(根)	总长(m)	单位重(kg/m)	总重(kg)
1	24840	φ20	24840	4	99.36	2.466	245.02
2	24840	φ16	24840	4	99.36	1.578	156.79
3	24840	φ10	24840	12	298.08	0.617	183.92
4	24840	φ10	24840	38	943.92	0.617	582.40
4a	24840	φ16	24840	13	322.92	1.578	509.57
4b	5100 5100	φ12	5100	26	132.60	0.888	117.75
4c	16820	φ12	16820	13	218.66	0.888	194.17
5	16820	φ10	16820	12	201.84	0.617	124.54
6	5100 5100	φ10	5100	24	122.40	0.617	75.52
7	3031 R298 /336 526 /140 R95/671~805 626~726	φ16	5845	188	1098.86	1.578	1734.00
7a	1215	φ16	1215	188	228.42	1.578	360.45
8	2346	φ16	2346	188	441.05	1.578	695.98
9	160 210 1389 1385 142 4 138~272	φ12	3382	206	696.69	0.888	618.66
10		φ16	3600	188	676.8	1.578	1067.99
11	300 1533~1583 300	φ12	2158	160	345.28	0.888	306.61
12	300 1459 300	φ12	2059	197	405.63	0.888	360.20
13	194 180 180	φ12	554	188	104.15	0.888	92.49
13a	970 149 975	φ12	2094	11	23.04	0.888	20.46
14	80 148~276	φ8	372	840	312.48	0.395	123.43

续表1

编号	略图	直径(mm)	每根长(mm)	根数(根)	总长(m)	单位重(kg/m)	总重(kg)
21	3120	φ22	3120	15	46.80	2.984	139.65
22a	2412	φ25	2412	8	19.30	3.853	74.35
22b	2412	φ22	2412	5	12.06	2.984	35.99
23	2455~2827	φ16	2641	30	79.23	1.578	125.02
24a	210 210 1124~1158 1344~1385 344 344	φ16	3380	8	27.04	1.578	42.67
24b	210 210 1344~1385 344 344	φ16	3840	20	76.80	1.578	121.10
24c	210 210 1115 1344~1385 234 234	φ16	3087	4	12.35	1.578	19.49
24d	1084~1115 1344~1385 234 234	φ16	3804	12	45.64	1.578	72.02
25	80 336 80	φ8	496	18	8.92	0.395	3.52
26	80 236 80	φ8	396	9	3.55	0.395	1.40
31	180 296 180	φ12	656	8	7.15	0.888	4.66
32	500 180	φ12	680	8	8.16	0.888	4.84
33	500 180	φ12	680	8	8.16	0.888	4.84
34	180 240	φ12	600	16	9.60	0.888	8.53
35	180 268,500 180	φ12	628,860	48,16	43.9	0.888	38.99
36a	1135	φ12	1135	36	40.86	0.888	36.28
36b	285	φ12	285	144	41.04	0.888	36.44
37a	300	φ12	300	48	14.40	0.888	12.79
37b	285	φ12	285	48	13.68	0.888	12.15
38	100 100 200 500	φ16	1100	12	13.20	1.578	20.83

续表1

编号	略图	直径(mm)	每根长(mm)	根数(根)	总长(m)	单位重(kg/m)	总重(kg)
39	支座钢筋网	φ16	6000	4	24.00	1.58	37.92
G1	Q235B钢板 t=12		600×600	4		33.91	135.65

合计	C50混凝土:36.24m³	钢筋: HPB300(φ) 128.35kg HRB400(φ)8295.08kg 总 重: 8423.43kg	钢板:135.65kg

表2 梁端封锚、封面钢筋表(单片梁两端)

编号	略图	直径(mm)	每根长(mm)	根数(根)	总长(m)	单位重(kg/m)	总重(kg)
F1	125 1385	φ10	1809	12	21.71	0.617	13.40
F2	280 99 100	φ10	280	32	8.96	0.617	5.53
F3	1450~3126	φ10	2288	10	22.88	0.617	14.12
F4	115 150~200 250 100 100	φ10	175	36	6.30	0.617	3.89
F5	99	φ10	664	12	7.97	0.617	4.92
合计	钢筋: HRB400(φ) 41.86kg						

附注:
1. 本图尺寸均以毫米计。
2. 主要材料:C50混凝土;钢筋:HPB300(φ),HRB400(φ)。
3. 钢筋净保护层不小于20mm。
4. 直径≥16mm钢筋采用焊接连接,直径<16mm钢筋可采用绑扎。
  焊缝长度:单面焊10d,双面焊5d(d为钢筋直径)。
5. 当普通钢筋与预应力管道相碰时,钢筋位置可适当调整。
6. 锚下垫板须与预应力钢束垂直,封锚钢筋F1与钢垫板点焊。
7. 钢筋长度以实际施工放样尺寸为准。
8. 梁端设伸缩缝处,应按伸缩装置构造要求设置预埋件。
9. 本图须与中梁外形尺寸图配合使用。
10. 本图材料以梁长L=24.92m、边梁悬臂长0.5m计。
11. 边梁悬臂长1.0m时按图作调整,钢筋、混凝土用量增加。
12. 本图适用于公路-Ⅰ级、城-A级;公路-Ⅲ级、城-B级。

25m 预应力混凝土小箱梁
边梁钢筋构造图(三)

设计荷载:公路-Ⅰ级、城-A级 公路-Ⅲ级、城-B级

图集号:2021沪Q001

页 31

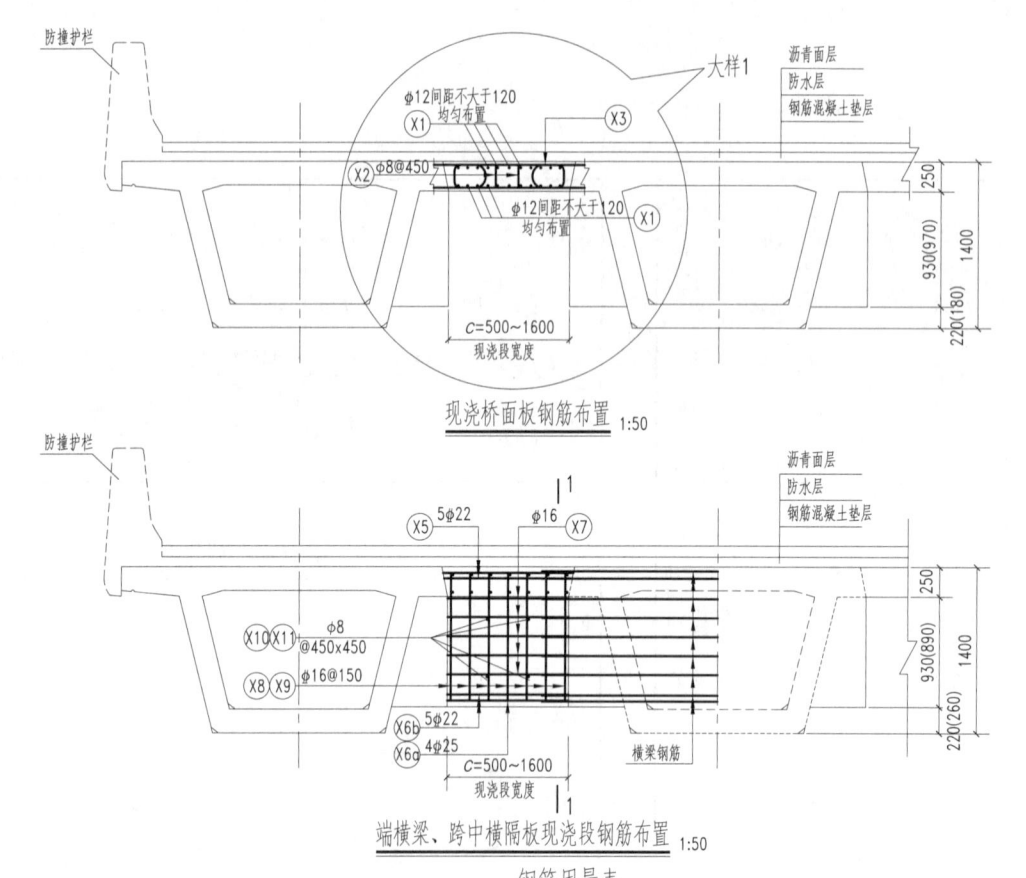

现浇桥面板钢筋布置 1:50

端横梁、跨中横隔板现浇段钢筋布置 1:50

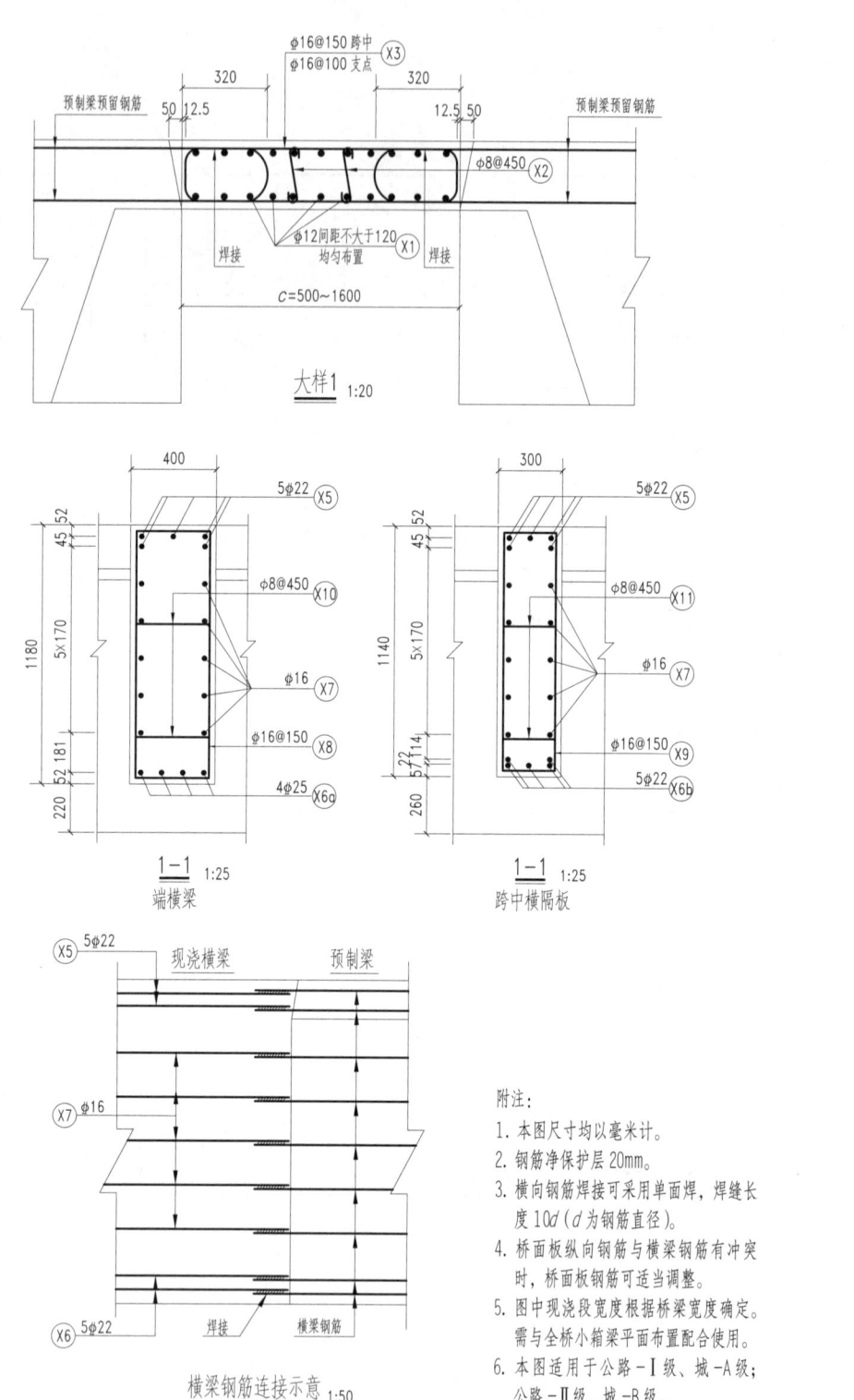

大样1 1:20

1-1 1:25 端横梁

1-1 1:25 跨中横隔板

横梁钢筋连接示意 1:50

钢筋用量表

构件	编号	略图	直径(mm)	每根长(mm)	根数(根)	总长(m)	单位重(kg/m)	总重(kg)	小计
桥面板（每条）	X1	24840	φ12	24840	22	546.48	0.888	485.27	HPB300(φ) 15.31kg HRB400(Φ) 1299.61kg 总重：1314.92kg C50混凝土：6.85m³
	X2	80 186 80 R50 400 190	φ8	346	112	38.75	0.395	15.31	
	X3	C-25	φ16	2745	188	516.06	1.578	814.34	
单个现浇段：宽度c=1.05m计 端横梁（2道）	X5	1110~1130	φ22	1120	10	11.20	2.984	33.42	HPB300(φ) 1.57kg HRB400(Φ) 173.06kg 总重：174.63kg C50混凝土：0.78m³
	X6a	1050	φ25	1050	8	8.40	3.853	32.37	
	X7	1050	φ16	1050	20	21.00	1.578	33.14	
	X8	344 1124 210	φ16	3356	14	46.98	1.578	74.13	
	X10	80 336 80	φ8	496	8	3.97	0.395	1.57	
跨中横隔板（1道）	X5	1110~1130	φ22	1120	5	5.60	2.984	16.71	HPB300(φ) 0.63kg HRB400(Φ) 82.92kg 总重：83.55kg C50混凝土：0.28m³
	X6b	1050	φ22	1050	5	5.25	2.984	15.67	
	X7	1050	φ16	1050	10	10.50	1.578	16.57	
	X9	244 1084 210	φ16	3076	7	21.53	1.578	33.97	
	X11	80 236 80	φ8	396	4	1.58	0.395	0.63	

附注：
1. 本图尺寸均以毫米计。
2. 钢筋净保护层20mm。
3. 横向钢筋焊接可采用单面焊，焊缝长度10d（d为钢筋直径）。
4. 桥面板纵向钢筋与横梁钢筋有冲突时，桥面板钢筋可适当调整。
5. 图中现浇段宽度根据桥梁宽度确定。需与全桥小箱梁平面布置配合使用。
6. 本图适用于公路-Ⅰ级、城-A级；公路-Ⅱ级、城-B级。

25m 预应力混凝土小箱梁 现浇段钢筋构造图	设计荷载	图集号 2021沪Q001
	公路-Ⅰ级、城-A级 公路-Ⅱ级、城-B级	页 32

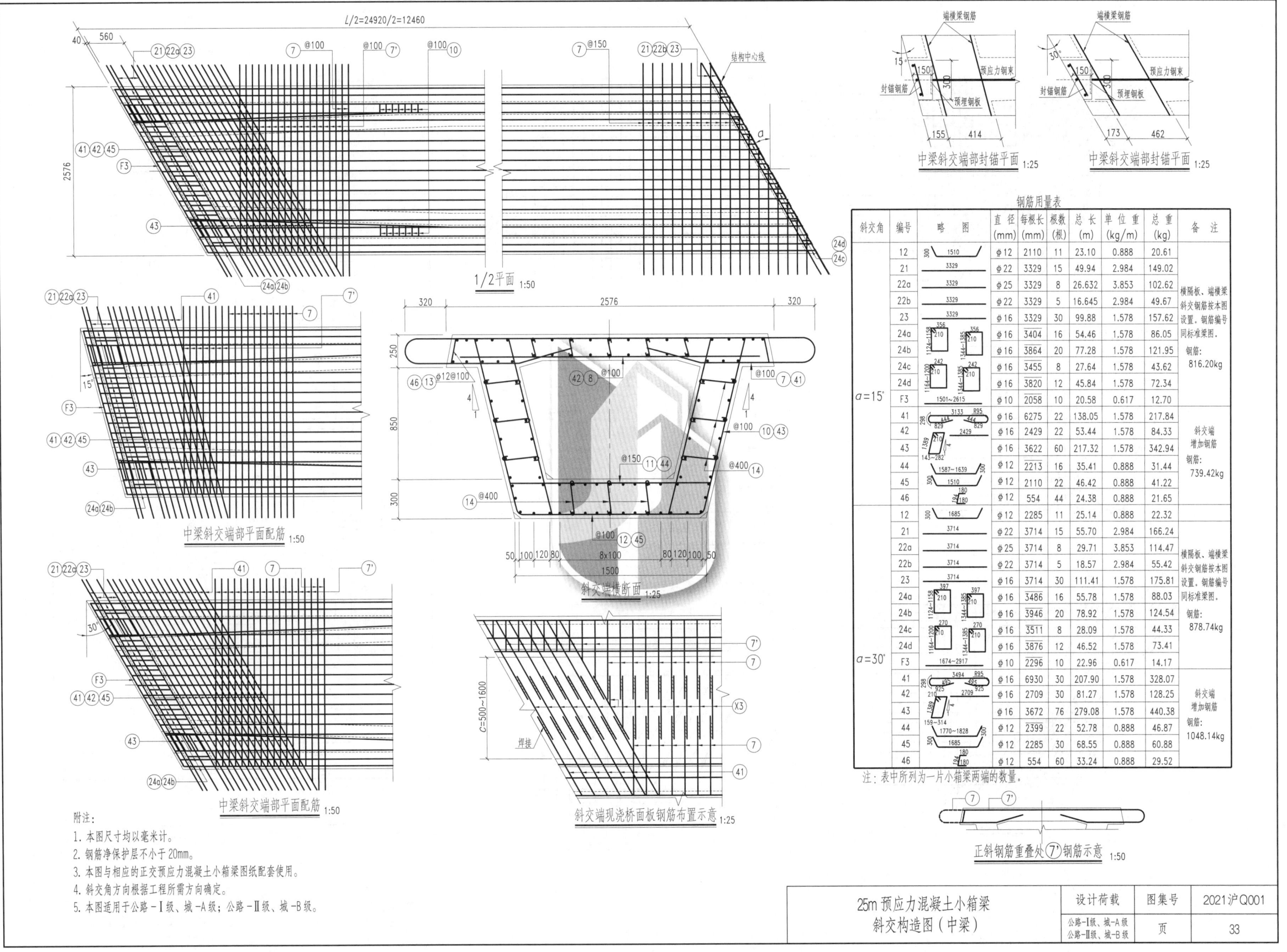

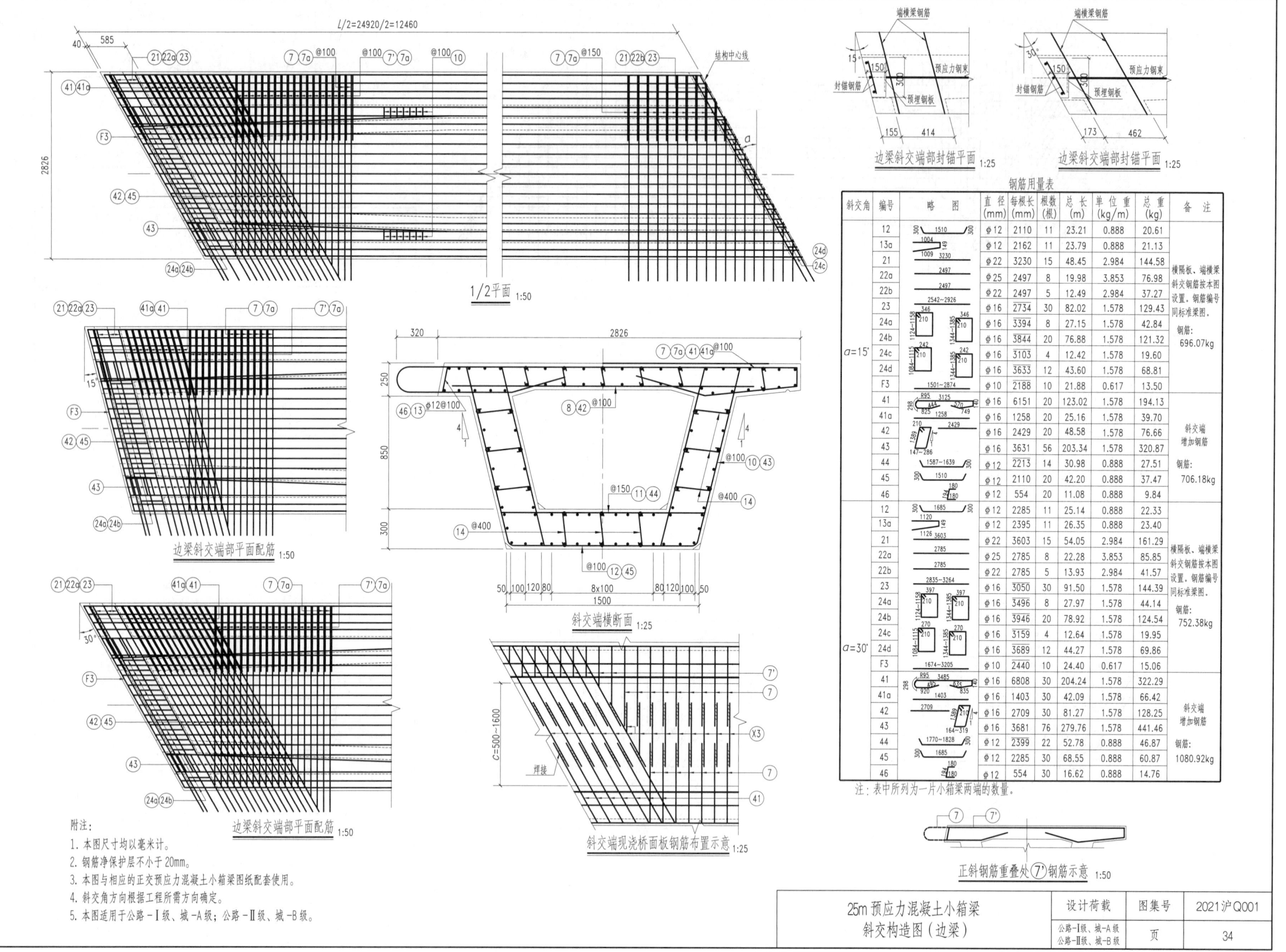

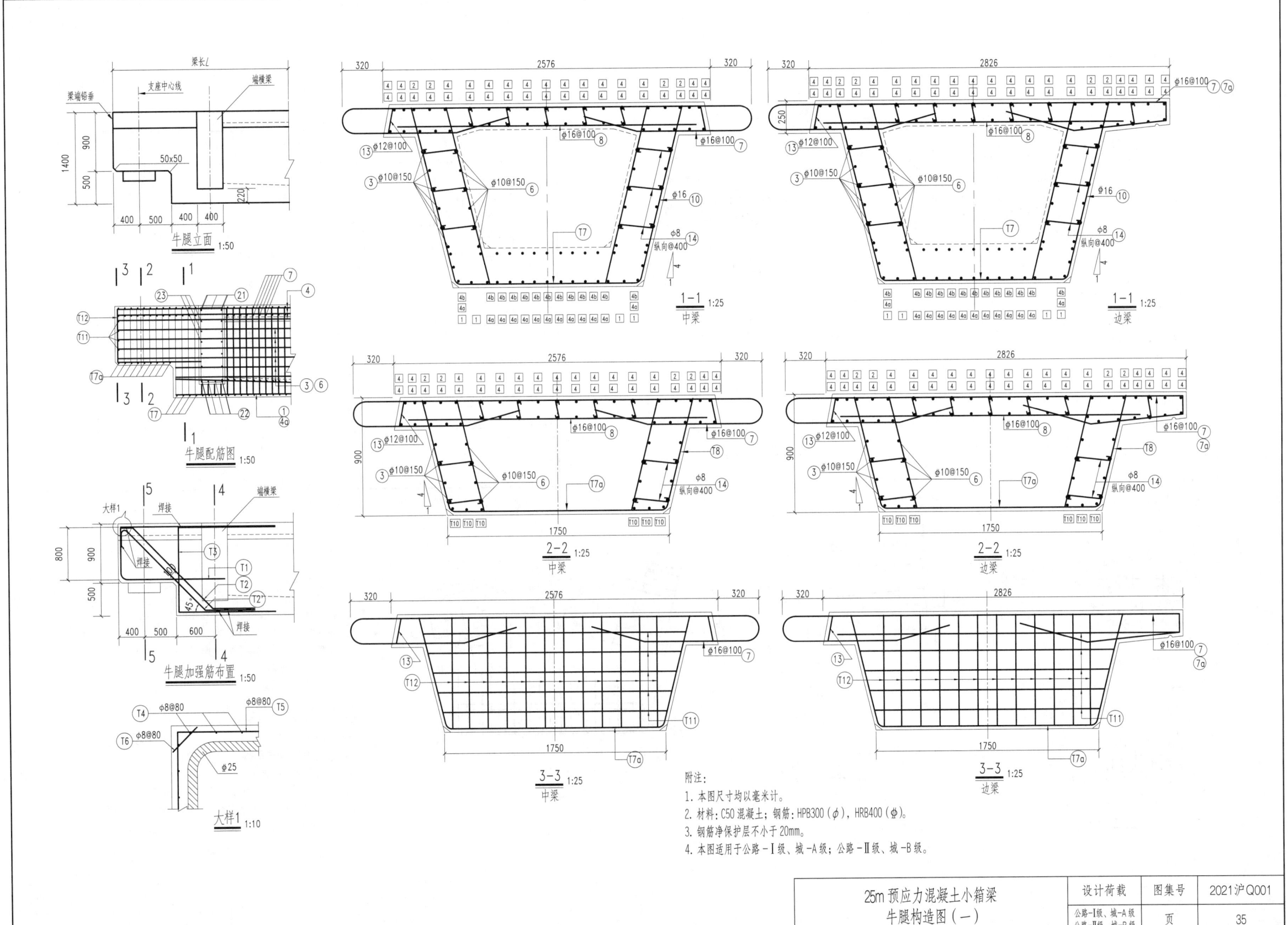

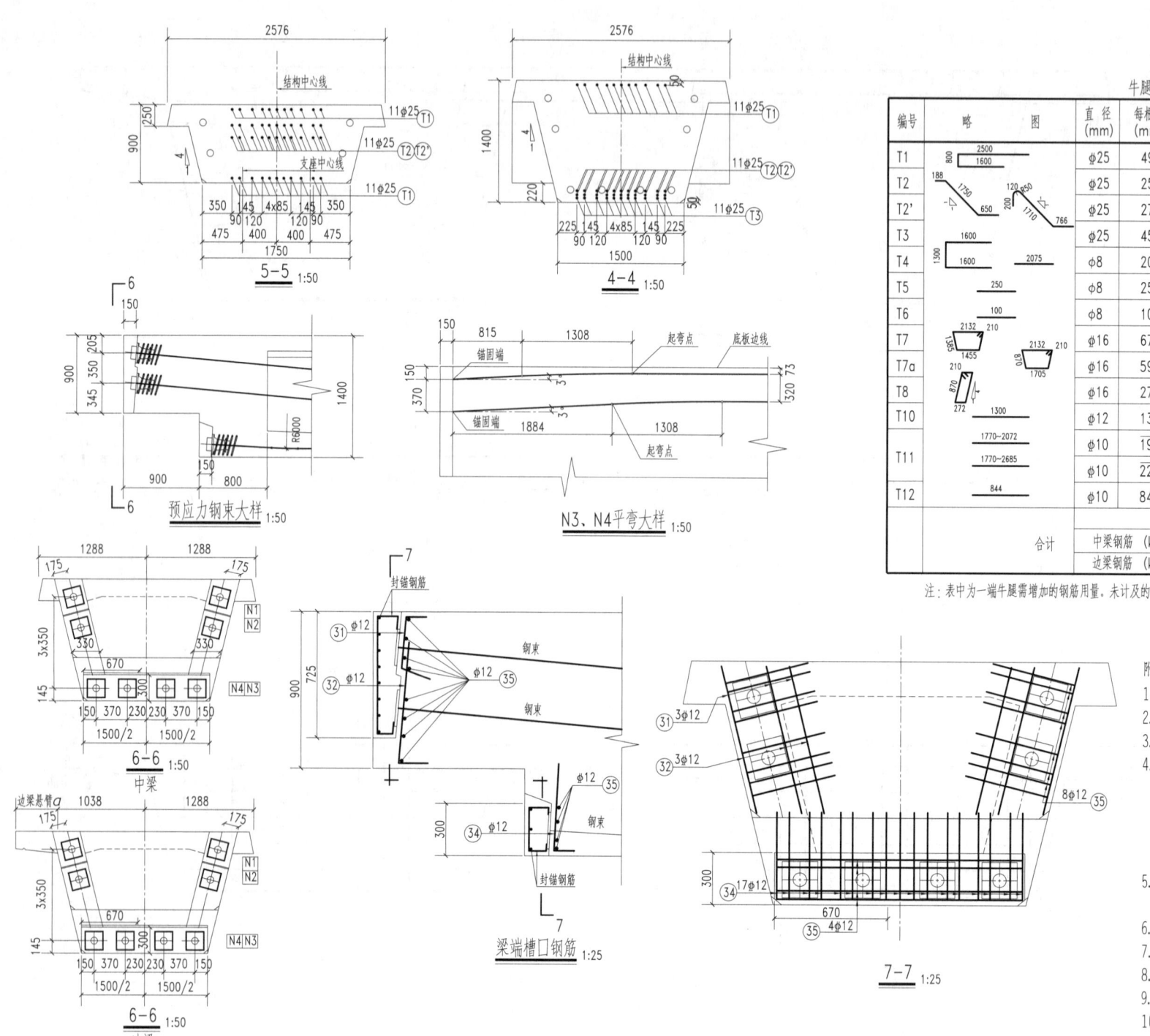

附注：
1. 本图尺寸均以毫米计。
2. 材料：C50混凝土；钢筋：HPB300（φ），HRB400（Φ）。
3. 本图需与25m预应力混凝土小箱梁的标准梁图纸（全套）配合使用。
4. N1、N2钢束类型、大样均同标准梁预应力构造图；
   N3、N4钢束类型均同标准梁预应力构造图；
   N3、N4钢束大样均参照标准梁预应力构造图中的N4钢束大样，但跨中直线段长度均减少1800mm。
   钢束张拉次序为N2、N1、N3、N4。
5. 张拉预应力钢束需切断牛腿T1、T2、T2'、T3钢筋时，应与设计商量确定；切断的钢筋在张拉工艺结束后，应按原设计图焊接恢复。
6. 当牛腿钢筋与预应力管道相碰时，可适当调整钢筋位置。
7. 钢筋净保护层不小于20mm。
8. 焊缝长度：单面焊10d，双面焊5d（d为钢筋直径）。
9. 钢筋用量表未及钢筋按标准图纸采用，并按实际尺寸作相应调整。
10. 本图适用于公路-Ⅰ级、城-A级；公路-Ⅱ级、城-B级。

25m预应力混凝土小箱梁 牛腿构造图（二）

设计荷载：公路-Ⅰ级、城-A级；公路-Ⅱ级、城-B级

图集号：2021沪Q001

页 36

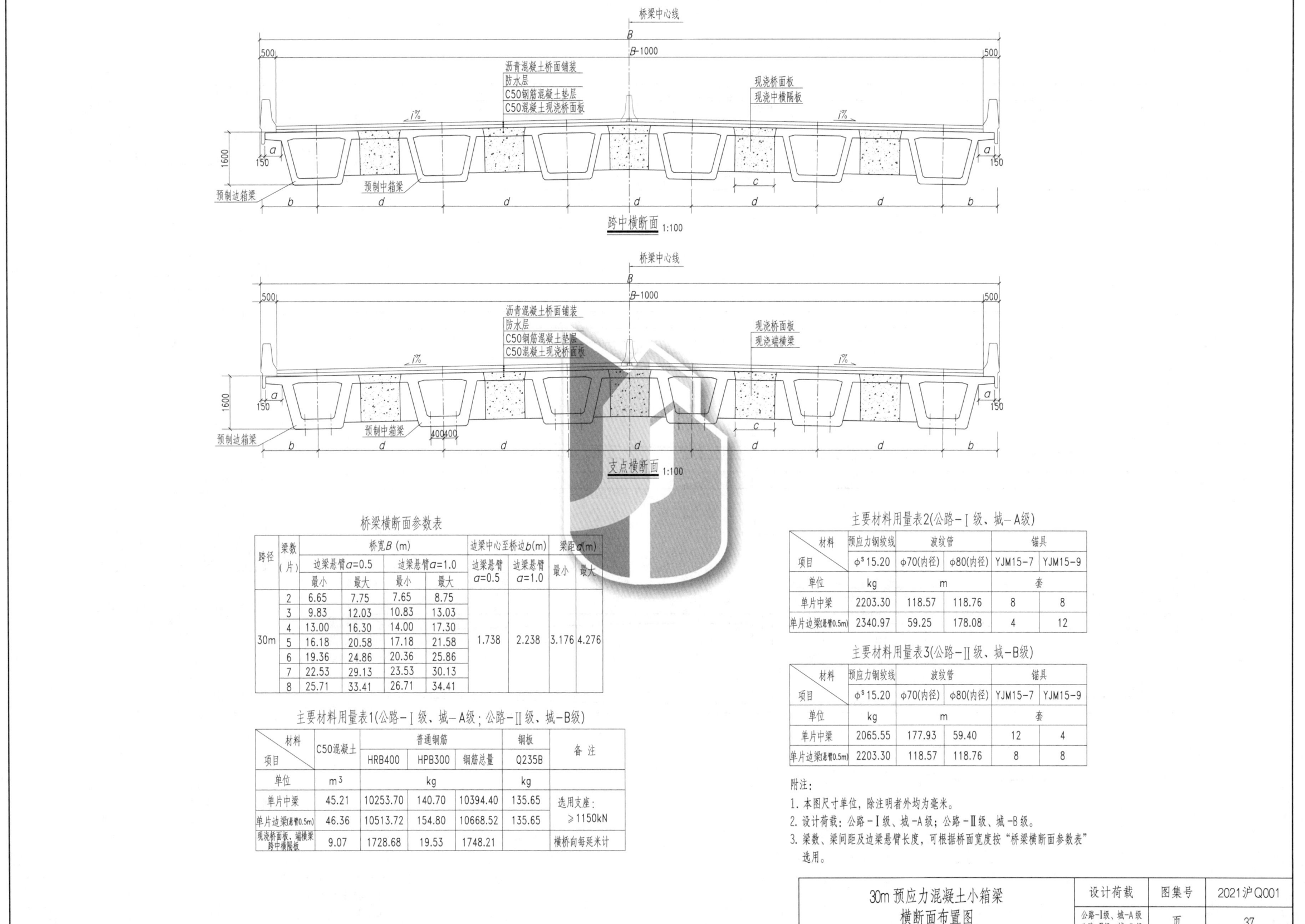

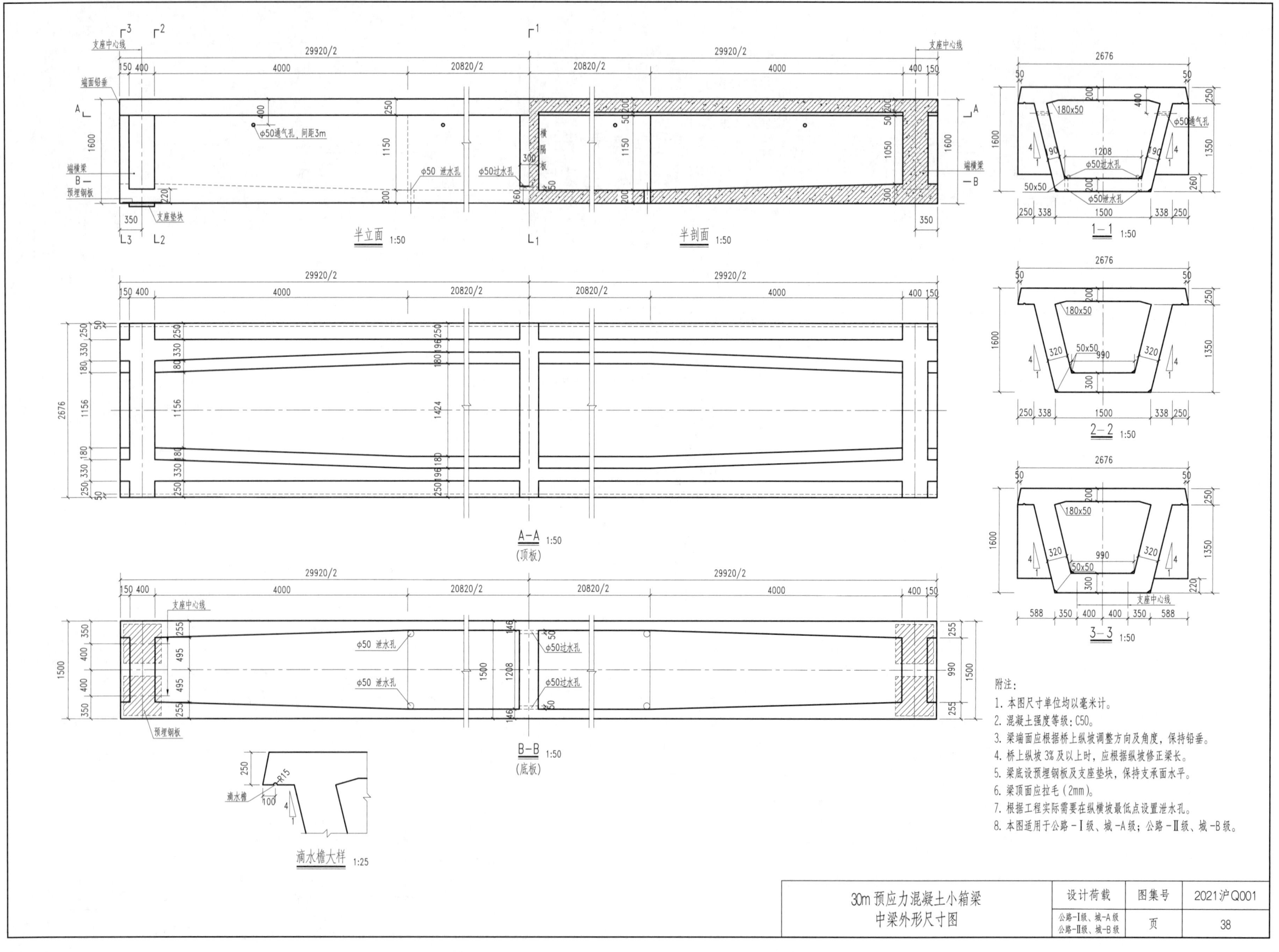

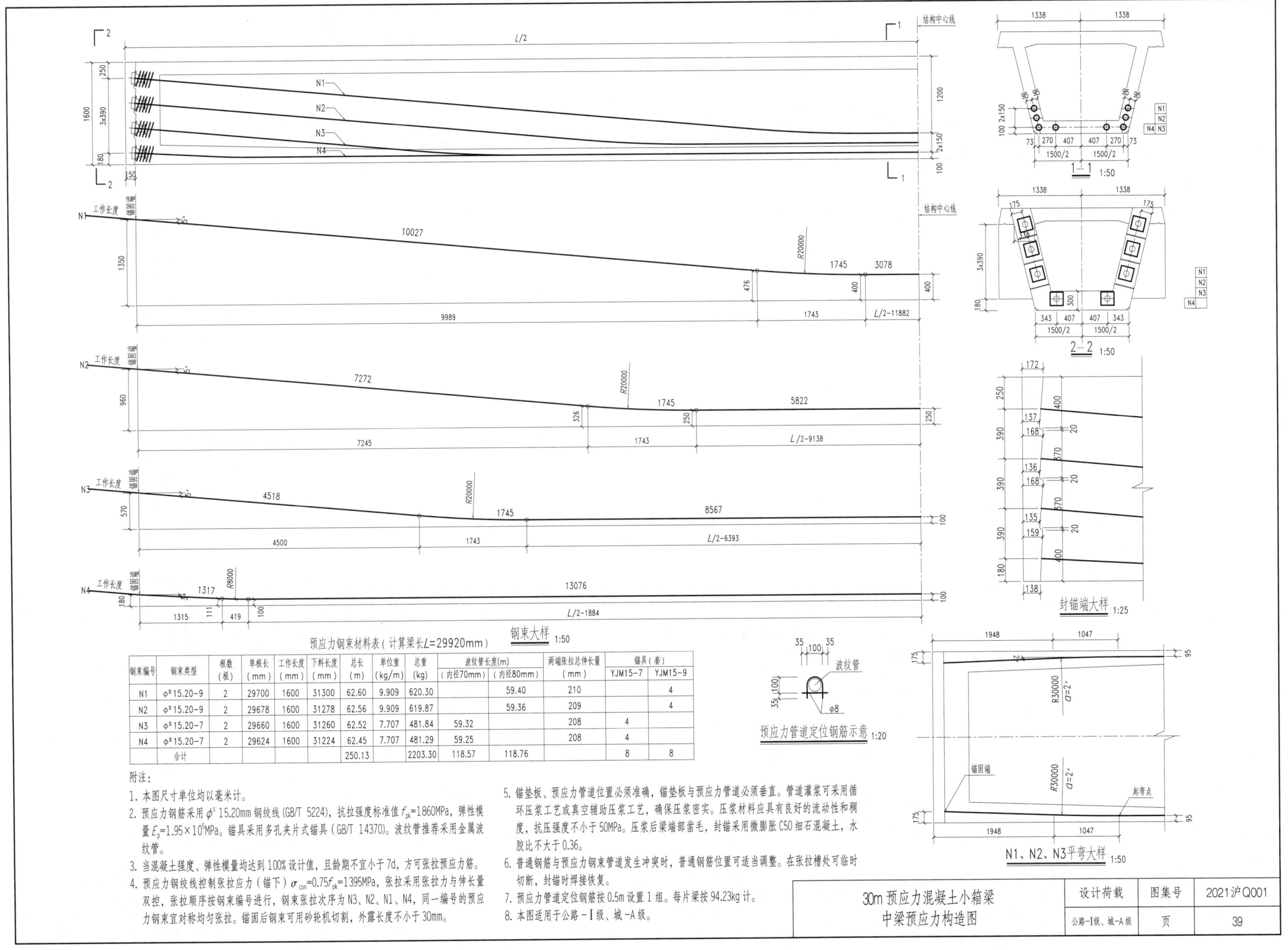

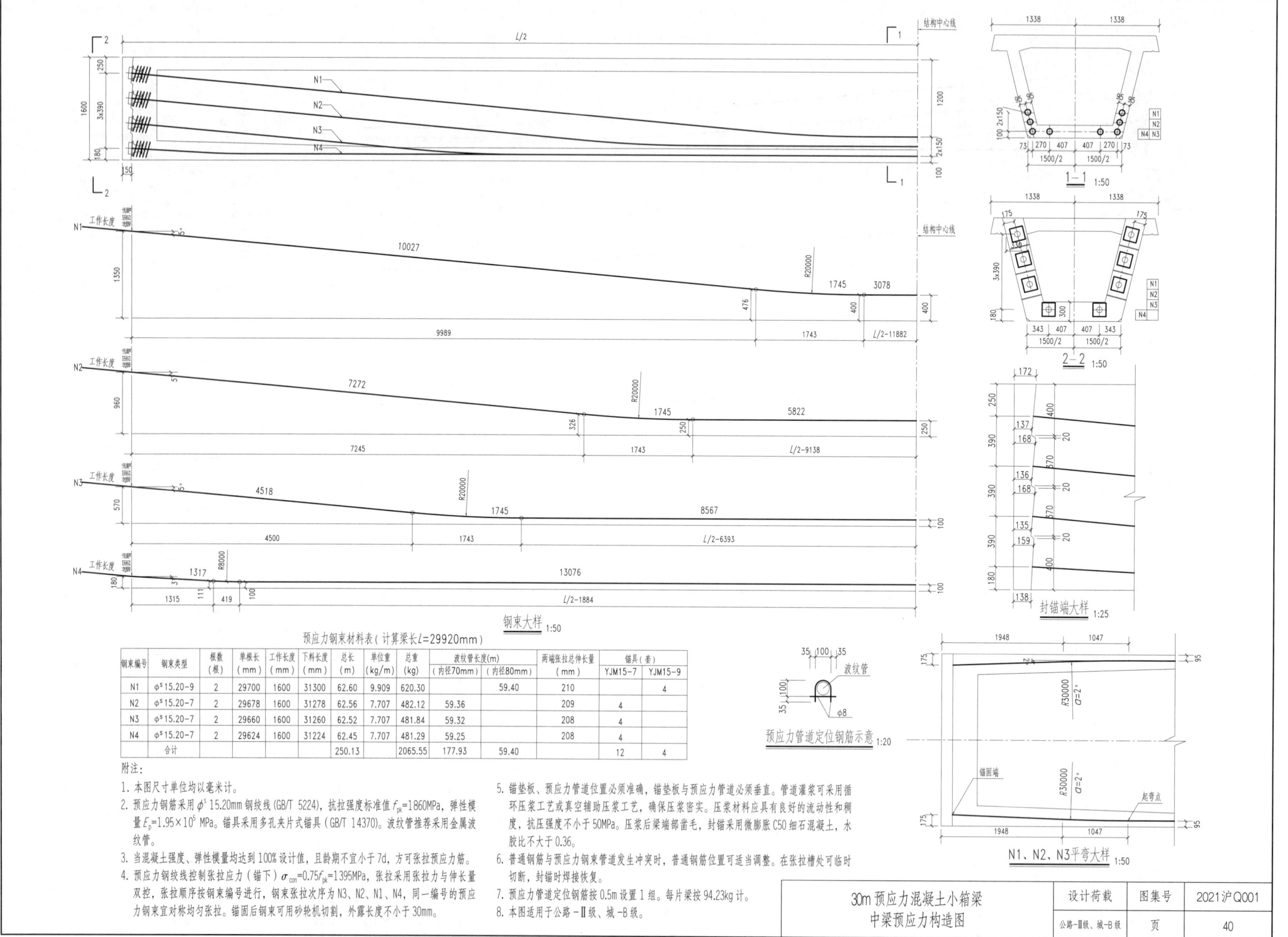

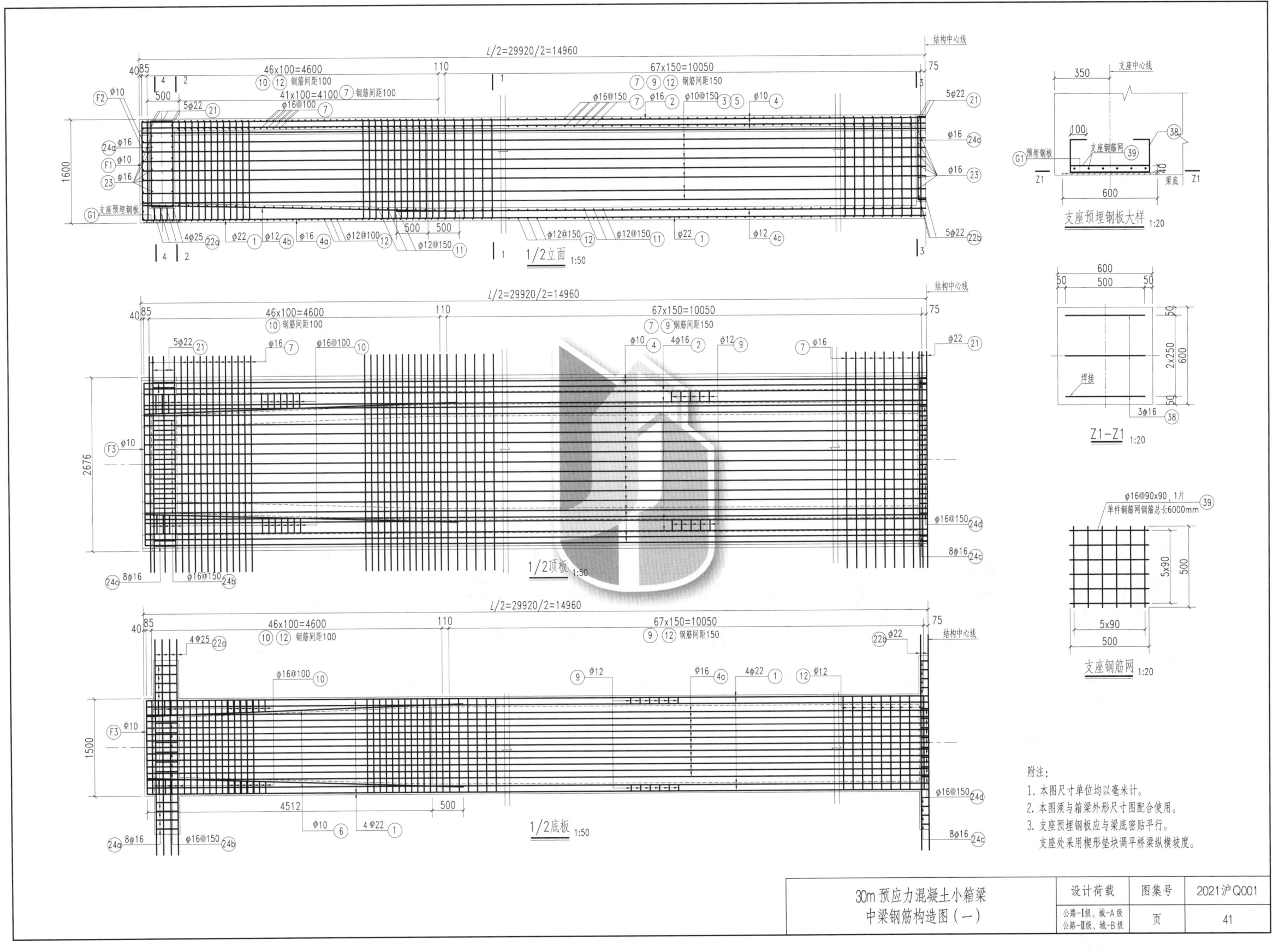

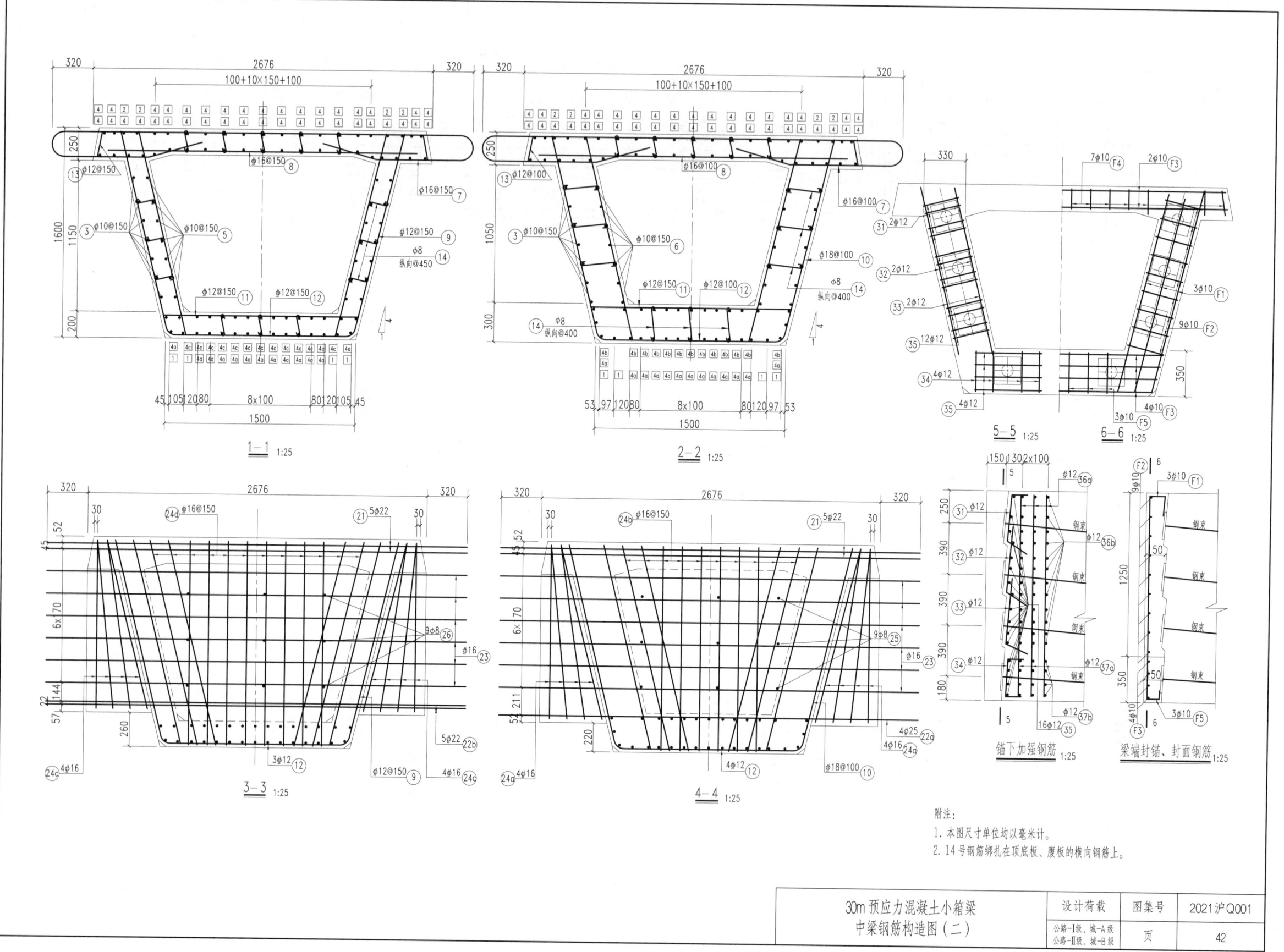

表1 钢筋用量表(单片梁)

编号	略图	直径(mm)	每根长(mm)	根数(根)	总长(m)	单位重(kg/m)	总重(kg)
1	29840	φ22	29840	4	119.36	2.984	356.17
2	29840	φ16	29840	4	119.36	1.578	188.35
3	29840	φ10	29840	14	417.76	0.617	257.76
4	29840	φ10	29840	38	1133.92	0.617	699.63
4a	29840	φ16	29840	13	387.92	1.578	612.14
4b	5100 5100	φ12	5100	26	132.60	0.888	117.75
4c	21820	φ12	21820	13	283.66	0.888	251.89
5	21820	φ10	21820	14	305.48	0.617	188.48
6	5100 5100	φ10	5100	28	142.80	0.617	88.11
7	R298 436 3126 436 R95 671~805 671~805	φ16	6070	220	1335.40	1.578	2107.26
8	2431	φ16	2431	220	534.82	1.578	843.95
9	160 210 1596 1596	φ12	3796	272	1032.52	0.888	916.88
10	4018 142 1 136~270	φ18	4018	188	755.39	1.998	1509.26
11	300 1533~1583 300 2158	φ12	2158	194	418.65	0.888	371.76
12	300 1459 300 2059	φ12	2059	230	473.57	0.888	420.53
13	194 80 180 554	φ12	554	440	243.76	0.888	216.46
14	80 148~276 372	φ8	372	924	343.73	0.395	135.78

续表1

编号	略图	直径(mm)	每根长(mm)	根数(根)	总长(m)	单位重(kg/m)	总重(kg)
21	3316	φ22	3316	15	49.74	2.984	148.42
22a	3316	φ25	3316	8	26.53	3.853	102.22
22b	3316	φ22	3316	5	16.58	2.984	49.48
23	3316	φ16	3316	36	119.38	1.578	188.38
24a	210 210 1324~1367 1544~1590	φ16	3789	16	60.63	1.578	95.67
24b	344 344	φ16	4242	20	84.84	1.578	133.88
24c	1284~1326 1544~1590	φ16	3498	8	27.98	1.578	44.15
24d	234 234	φ16	4022	12	48.27	1.578	76.17
25	80 336 80	φ8	496	18	8.92	0.395	3.52
26	80 236	φ8	396	9	3.56	0.395	1.40
31	120 356 180	φ12	656	8	5.25	0.888	4.66
32	500 180	φ12	680	8	5.44	0.888	4.83
33	180 500 180	φ12	680	8	5.44	0.888	4.83
34	290 180	φ12	650	16	10.40	0.888	9.24
35	180 268,500 180	φ12	628,860	48,16	43.90	0.888	38.98
36a	1310	φ12	1310	36	47.16	0.888	41.88
36b	285	φ12	285	144	41.04	0.888	36.44
37a	300	φ12	300	48	14.40	0.888	12.79
37b	285	φ12	285	48	13.68	0.888	12.15
38	200 100 500	φ16	1100	12	13.20	1.578	20.83

续表1

编号	略图	直径(mm)	每根长(mm)	根数(根)	总长(m)	单位重(kg/m)	总重(kg)
39	支座钢筋网	φ16	6000	4	24.00	1.58	37.92
G1	Q235B钢板 t=12		600×600	4		33.91	135.65
合计	C50混凝土:45.21m³		钢筋:	HPB300(φ) 140.70kg		钢板:135.65 kg	
				HRB400(Φ)10209.30kg			
				总重: 10350.00kg			

表2 梁端封锚、封面钢筋表(单片梁两端)

编号	略图	直径(mm)	每根长(mm)	根数(根)	总长(m)	单位重(kg/m)	总重(kg)
F1	125 100 1559 280	φ10	1983	12	23.80	0.617	14.68
F2	100	φ10	280	36	10.08	0.617	6.22
F3	99 1454~2636	φ10	2045	12	24.54	0.617	15.14
F4	150~200 115 300 100	φ10	175	28	4.90	0.617	3.02
F5	99	φ10	714	12	8.57	0.617	5.29
合计	钢筋:HRB400(Φ) 44.4 kg						

附注:
1. 本图尺寸均以毫米计。
2. 主要材料:C50混凝土;钢筋:HPB300(φ),HRB400(Φ)。
3. 钢筋净保护层不小于20mm。
4. 直径≥16mm钢筋采用焊接连接,直径<16mm钢筋可采用绑扎。
   焊缝长度:单面焊10d,双面焊5d(d为钢筋直径)。
5. 当普通钢筋与预应力管道相碰时,钢筋位置可适当调整。
6. 锚下垫板须与预应力钢束垂直,封锚钢筋F1、F5与钢垫板点焊。
7. 钢筋长度以实际施工放样尺寸为准。
8. 梁端设伸缩缝处,应按伸缩装置构造图要求设置预埋件。
9. 本图须与中梁外形尺寸图配合使用。
10. 本图材料以梁长L=29.92m计。
11. 本图适用于公路-Ⅰ级、城-A级;公路-Ⅱ级、城-B级。

30m预应力混凝土小箱梁
中梁钢筋构造图(三)

设计荷载:公路-Ⅰ级、城-A级 公路-Ⅱ级、城-B级
图集号:2021沪Q001
页:43

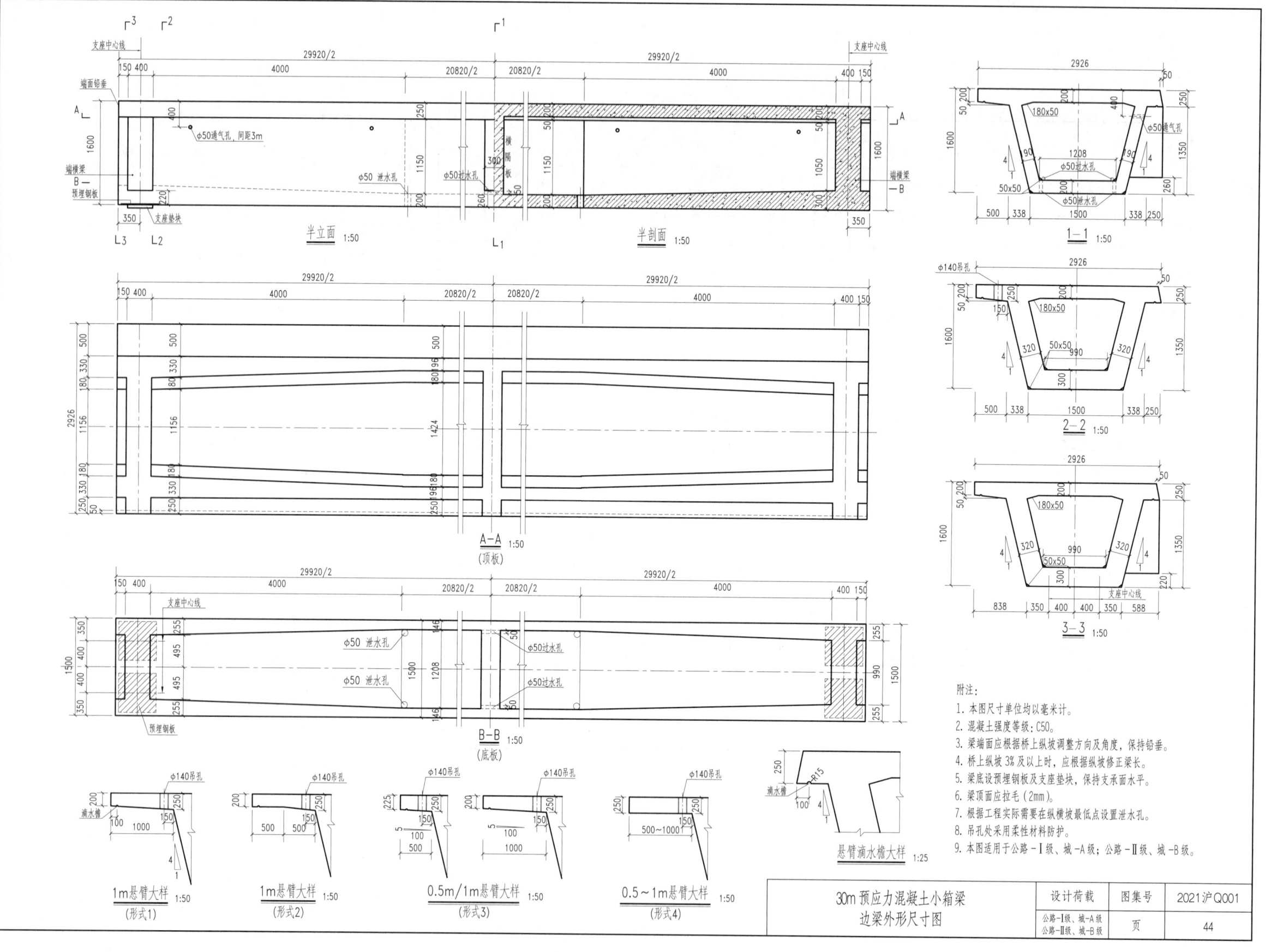

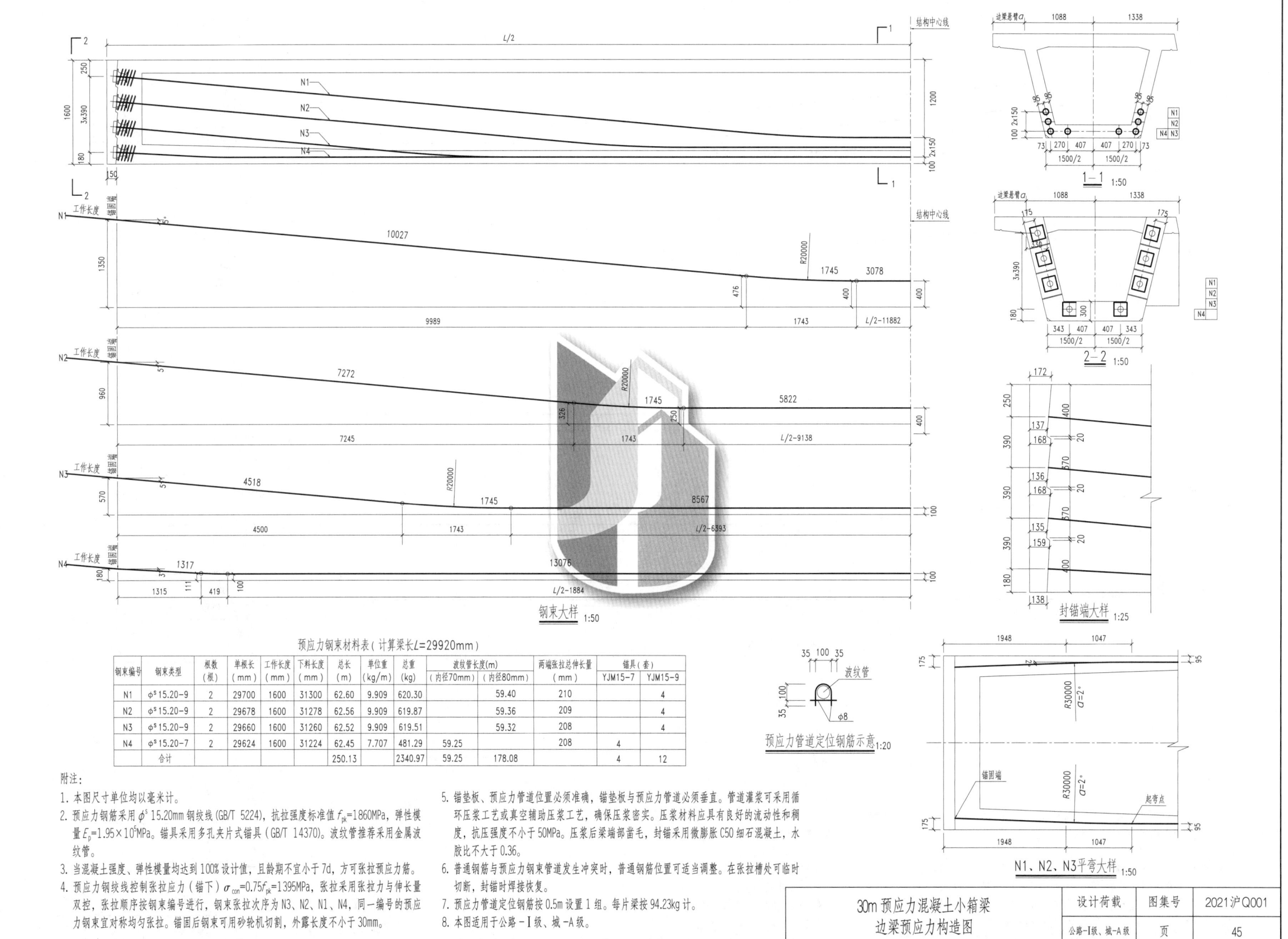

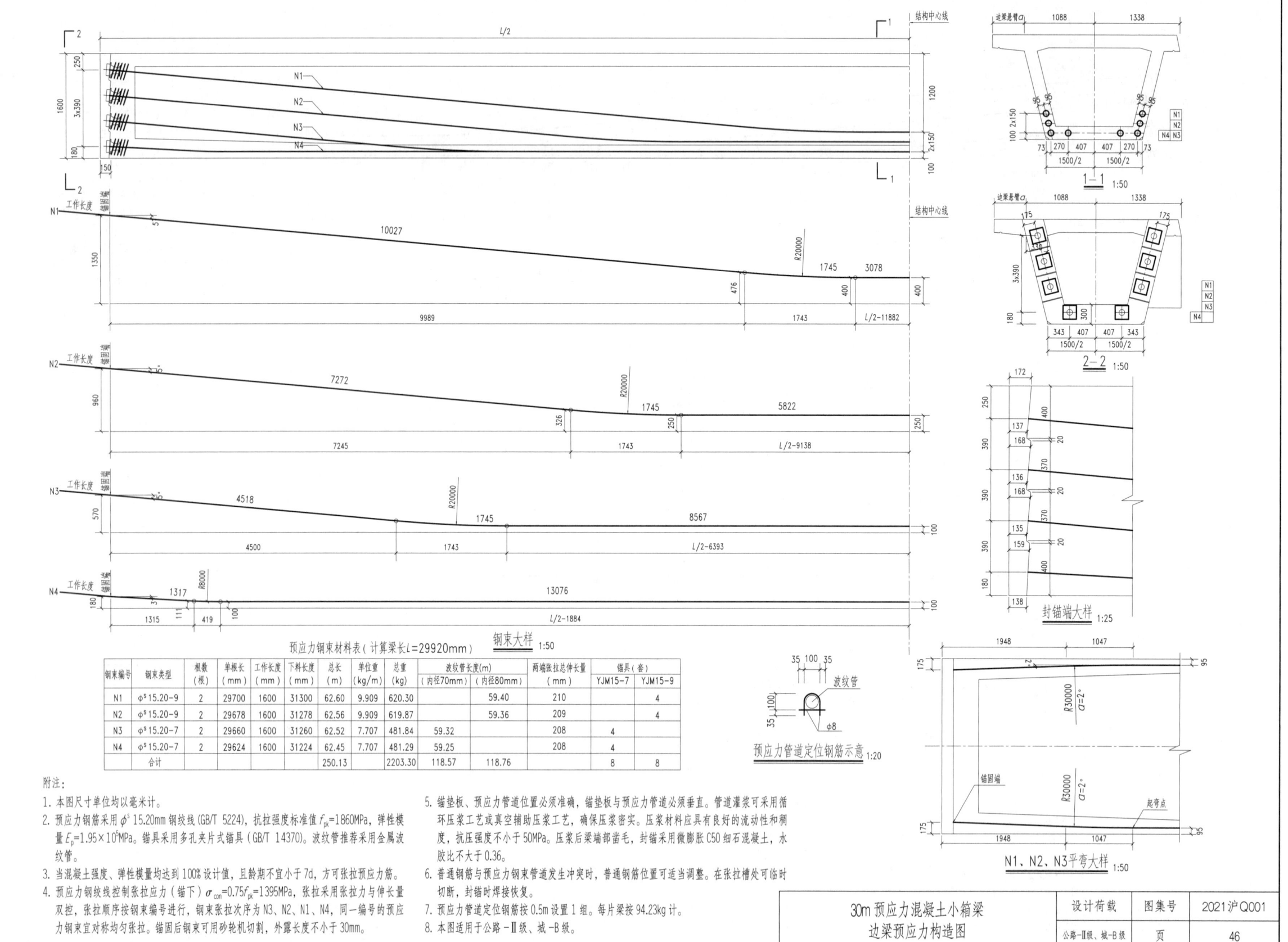

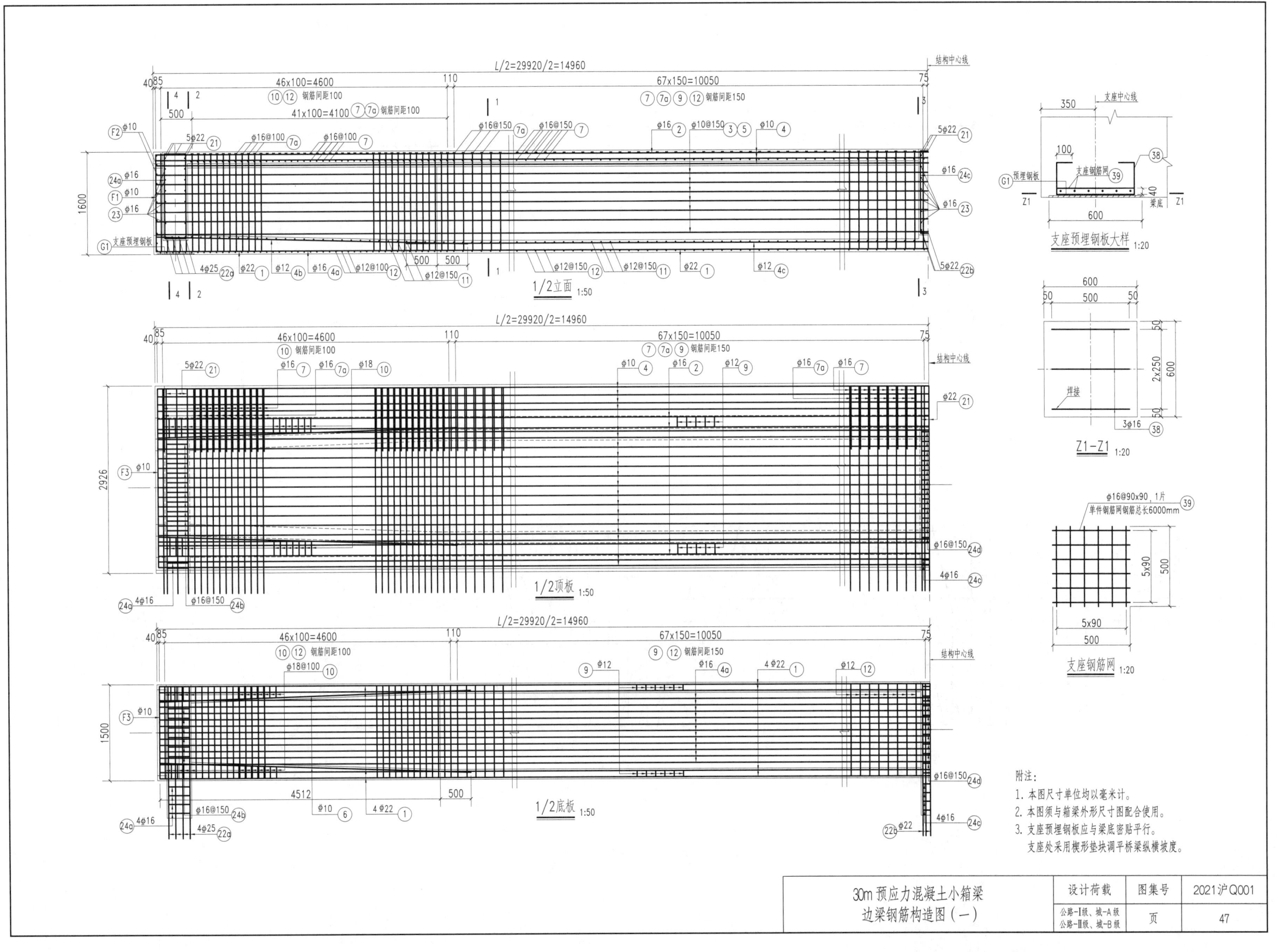

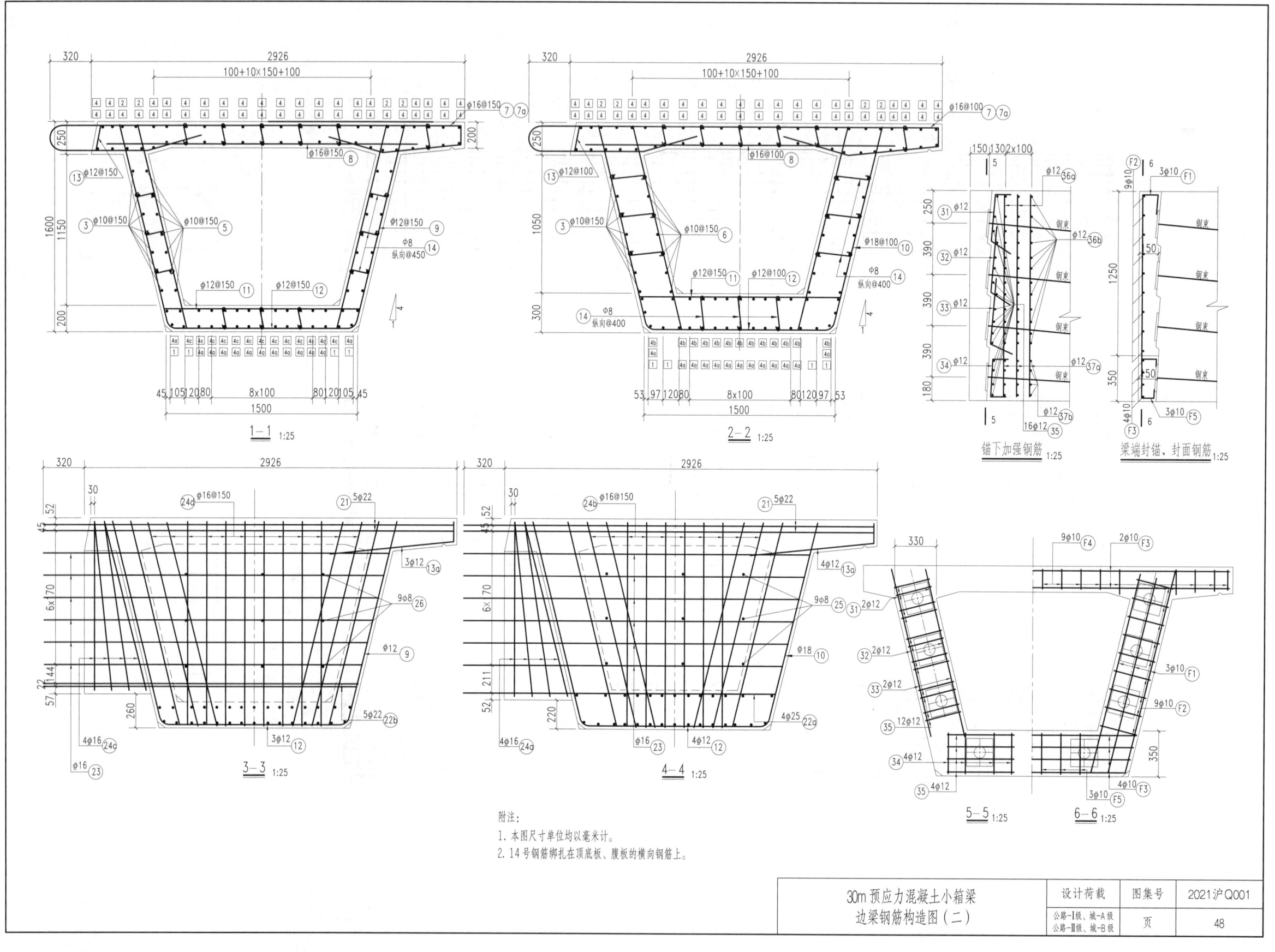

表1 钢筋用量表(单片梁)

编号	略图	直径(mm)	每根长(mm)	根数(根)	总长(m)	单位重(kg/m)	总重(kg)
1	29840	φ22	29840	4	119.36	2.984	356.17
2	29840	φ16	29840	4	119.36	1.578	188.35
3	29840	φ10	29840	14	417.76	0.617	257.76
4	29840	φ10	29840	42	1253.28	0.617	773.27
4a	29840	φ16	29840	13	387.92	1.578	612.14
4b	5100 5100	φ12	5100	26	132.60	0.888	117.75
4c	21820	φ12	21820	13	283.66	0.888	251.89
5	21820	φ10	21820	14	305.48	0.617	188.48
6	5100 5100	φ10	5100	28	142.80	0.617	88.11
7	3131 R298 R95/671~805 526 626~726	φ16	5945	220	1307.90	1.578	2063.87
7a	1215	φ16	1215	220	267.30	1.578	421.80
8	2431	φ16	2431	220	534.82	1.578	843.95
9	160 210 1596 1596	φ12	3796	272	1032.51	0.888	916.87
10	4018 142 136~270	φ18	4018	188	755.39	1.998	1509.26
11	300 1533~1583 300	φ12	2158	194	418.65	0.888	371.76
12	300 1459 300	φ12	2059	230	473.57	0.888	420.53
13	194 180 180	φ12	554	220	121.88	0.888	108.23
13a	970 149 975 80	φ12	2094	11	23.04	0.888	20.46
14	80 372 148~276	φ8	372	990	379.44	0.395	149.88

续表1

编号	略图	直径(mm)	每根长(mm)	根数(根)	总长(m)	单位重(kg/m)	总重(kg)
21	3220	φ22	3220	15	48.30	2.984	144.13
22a	2462	φ25	2462	8	16.69	3.853	75.89
22b	2462	φ22	2462	5	12.31	2.984	36.74
23	2504~2716	φ16	2610	36	93.96	1.578	148.27
24b	210 1324~1367 1544~1590 210 344 344	φ16	3789	8	30.31	1.578	95.67
24c	210 1284~1326 1544~1590 210	φ16	4242	20	84.84	1.578	133.88
24d	234 234	φ16	3498	4	13.99	1.578	22.08
25	336 80	φ16	4022	12	48.26	1.578	76.15
26	80 236	φ8	496	18	8.92	0.395	3.52
31	120 356 180	φ8	396	9	3.56	0.395	1.40
32	500 180	φ12	656	8	5.25	0.888	4.66
33	500 180	φ12	680	8	5.44	0.888	4.83
34	180 290 180	φ12	680	8	5.44	0.888	4.83
35	180 268,500 180	φ12	650	16	10.40	0.888	9.24
36a	1310	φ12	628,860	48,16	43.9	0.888	38.99
36b	300	φ12	1310	36	47.16	0.888	41.88
37a	300	φ12	285	144	41.04	0.888	36.44
37b	200 100 500	φ12	300	48	14.40	0.888	12.79
38		φ16	1100	12	13.20	1.578	20.83

续表1

编号	略图	直径(mm)	每根长(mm)	根数(根)	总长(m)	单位重(kg/m)	总重(kg)
39	支座钢筋网	φ16	6000	4	24.00	0.888	37.92
G1	Q235B钢板 t=12		600×600	4		33.91	135.65
合计	C50混凝土: 46.36 m³		HPB300(φ): 154.80 kg HRB400(Φ): 10468.00 kg			钢板: 135.65 kg	
			总重: 10622.80 kg				

表2 梁端封锚、封面钢筋表(单片梁两端)

编号	略图	直径(mm)	每根长(mm)	根数(根)	总长(m)	单位重(kg/m)	总重(kg)
F1	125 100 1559	φ10	1983	12	23.80	0.617	14.68
F2	280 99 100	φ10	280	36	10.08	0.617	6.22
F3	1454~2886	φ10	2170	12	26.04	0.617	16.07
F4	150~200 115 300 100 100	φ10	175	32	5.60	0.617	3.46
F5	99 714	φ10	714	12	8.57	0.617	5.29
合计	钢筋: HRB400(Φ) 45.72 kg						

附注：
1. 本图尺寸均以毫米计。
2. 主要材料：C50混凝土；钢筋：HPB300(φ)，HRB400(Φ)。
3. 钢筋净保护层不小于20mm。
4. 直径≥16mm钢筋采用焊接连接，直径<16mm钢筋可采用绑扎。焊缝长度：单面焊10d，双面焊5d（d为钢筋直径）。
5. 当普通钢筋与预应力管道相碰时，钢筋位置可适当调整。
6. 锚下垫板须与预应力钢束垂直，封锚钢筋F1、F5与钢垫板点焊。
7. 钢筋长度以实际施工放样尺寸为准。
8. 梁端设伸缩缝处，应按伸缩装置构造图要求设置预埋件。
9. 本图须与边梁外形尺寸图配合使用。
10. 本图材料以梁长 L=29.92m，边梁悬臂长 0.5m 计。
11. 边梁悬臂长 1.0m 时按图作调整，钢筋、混凝土用量增加。
12. 本图适用公路-Ⅰ级、城-A级；公路-Ⅱ级、城-B级。

30m预应力混凝土小箱梁边梁钢筋构造图（三）

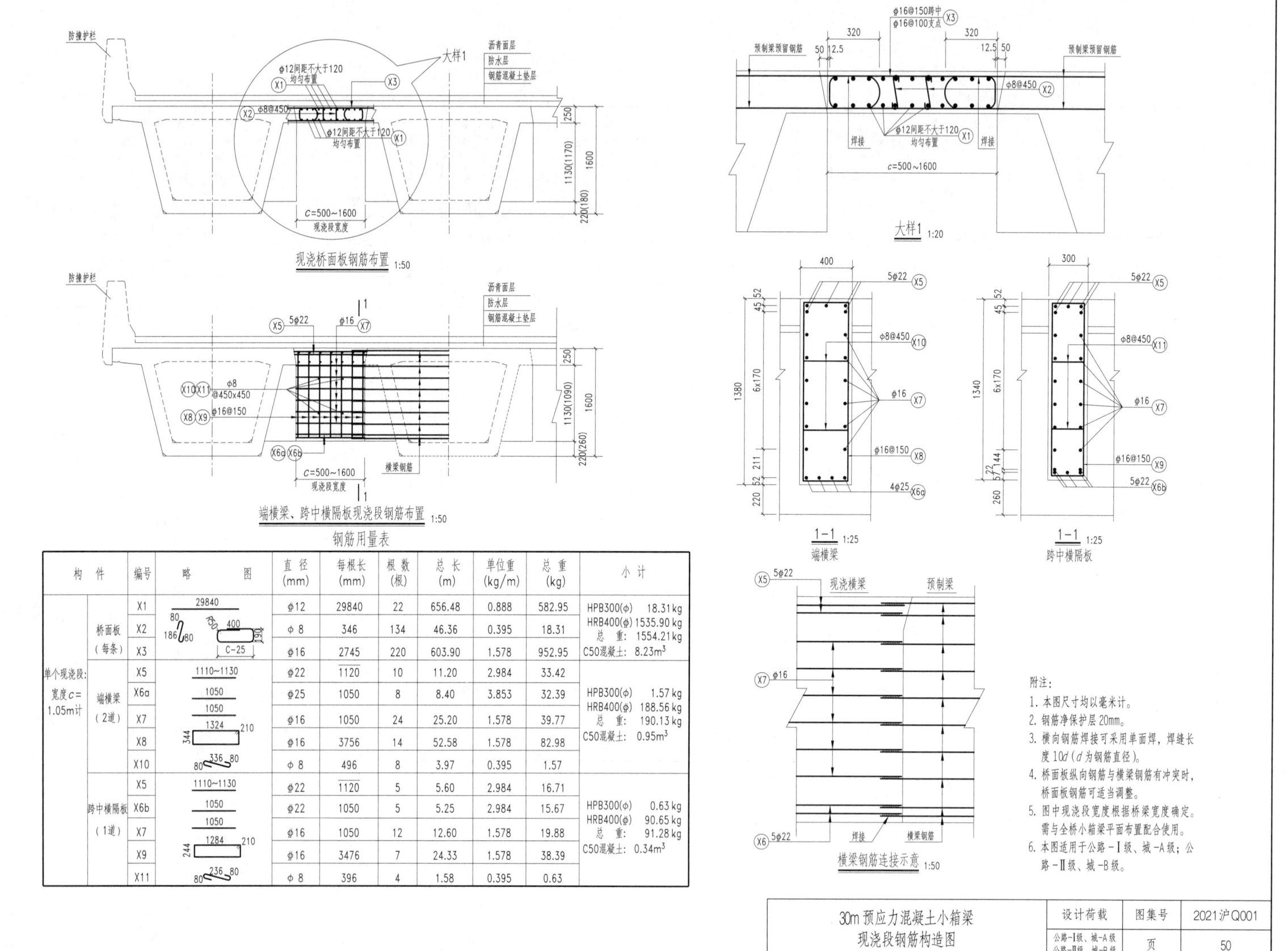

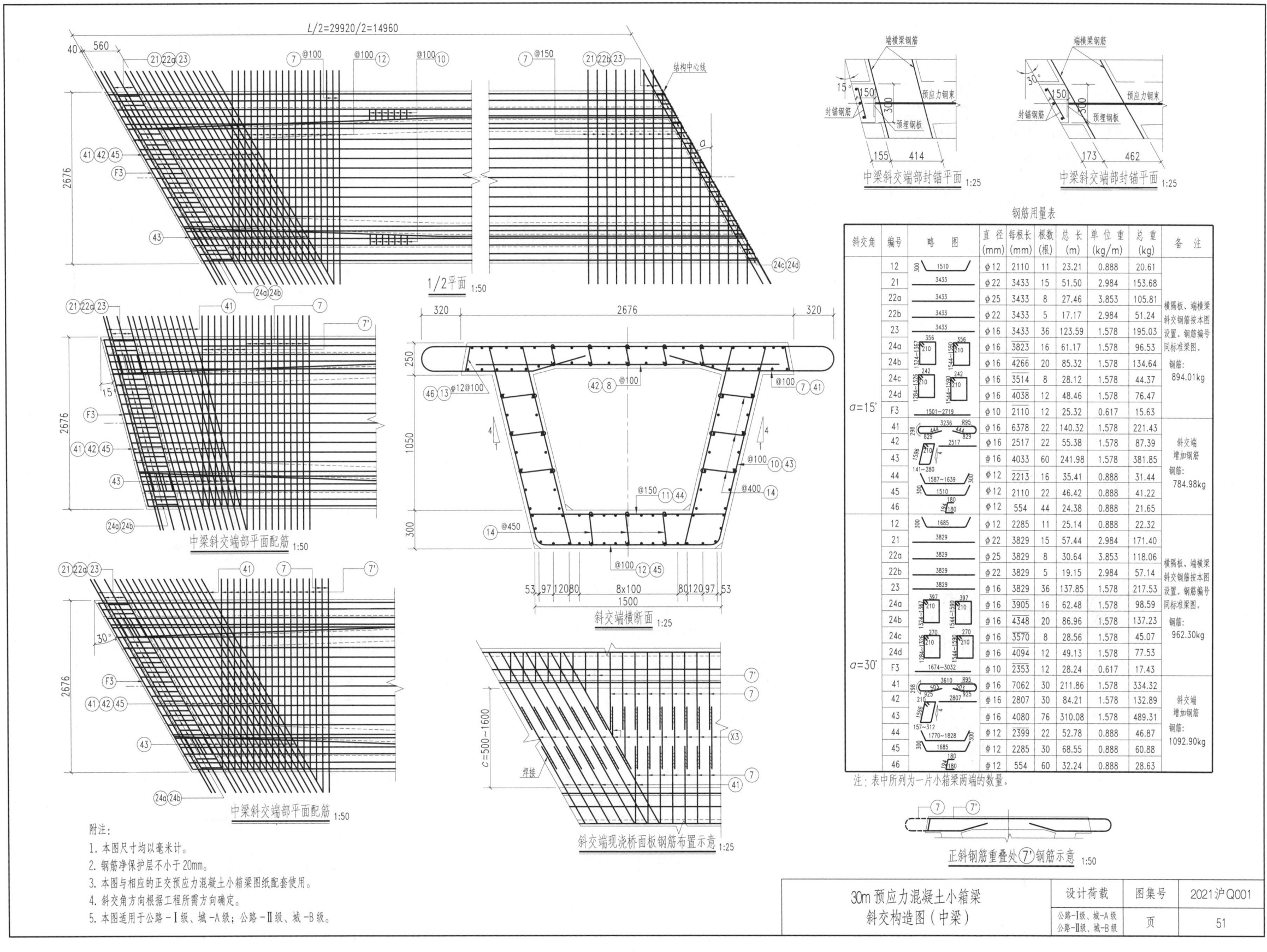

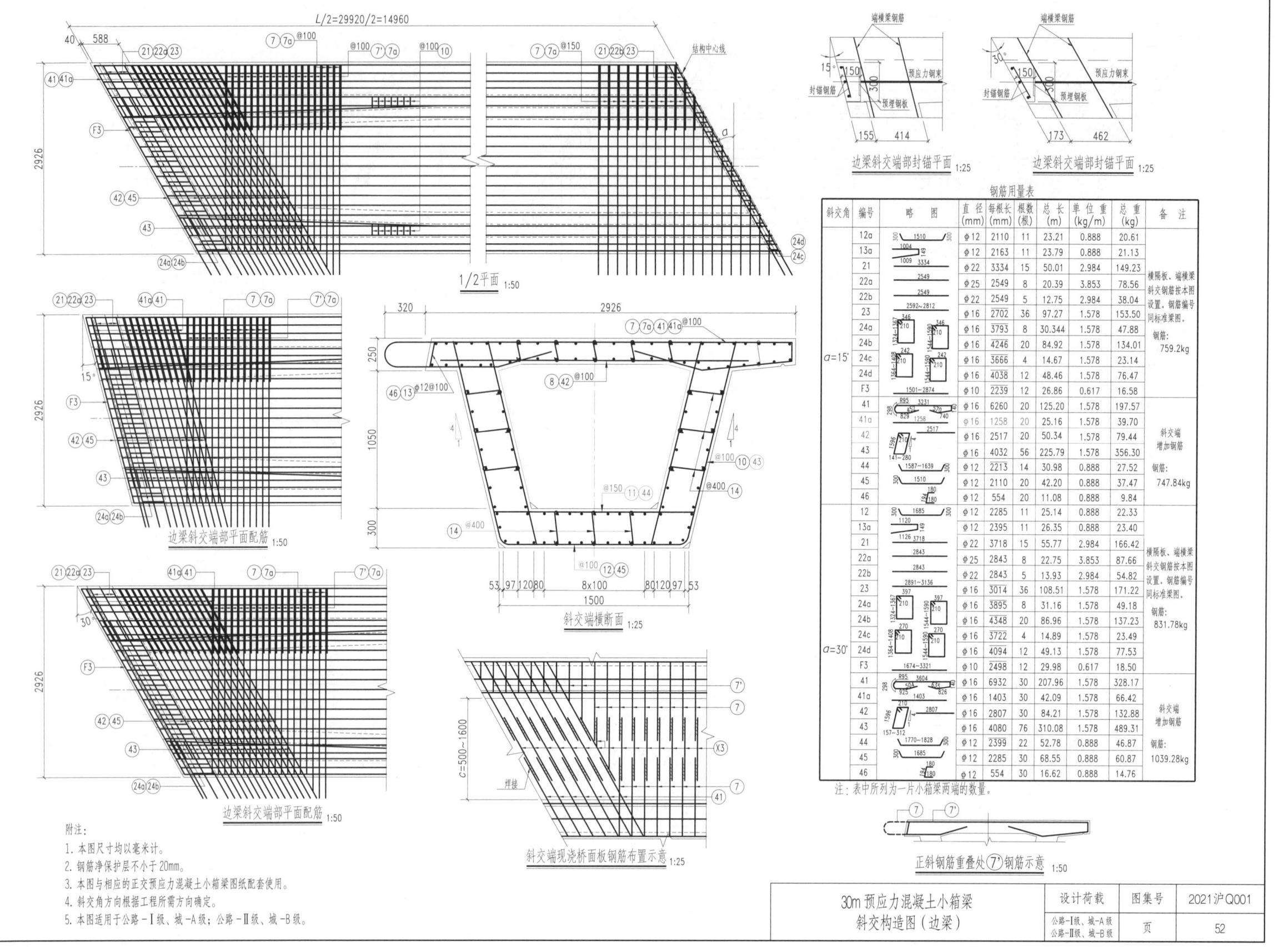

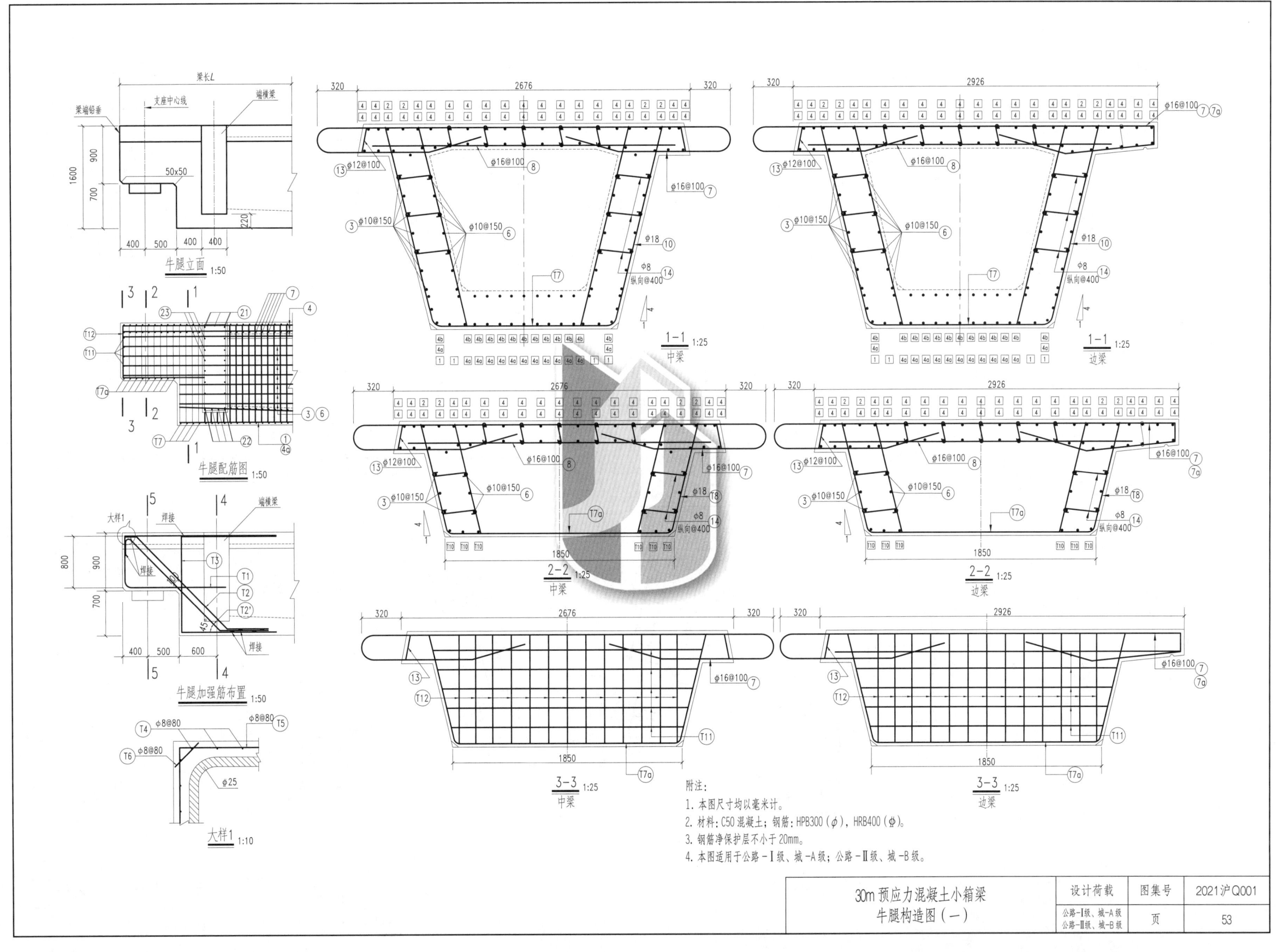

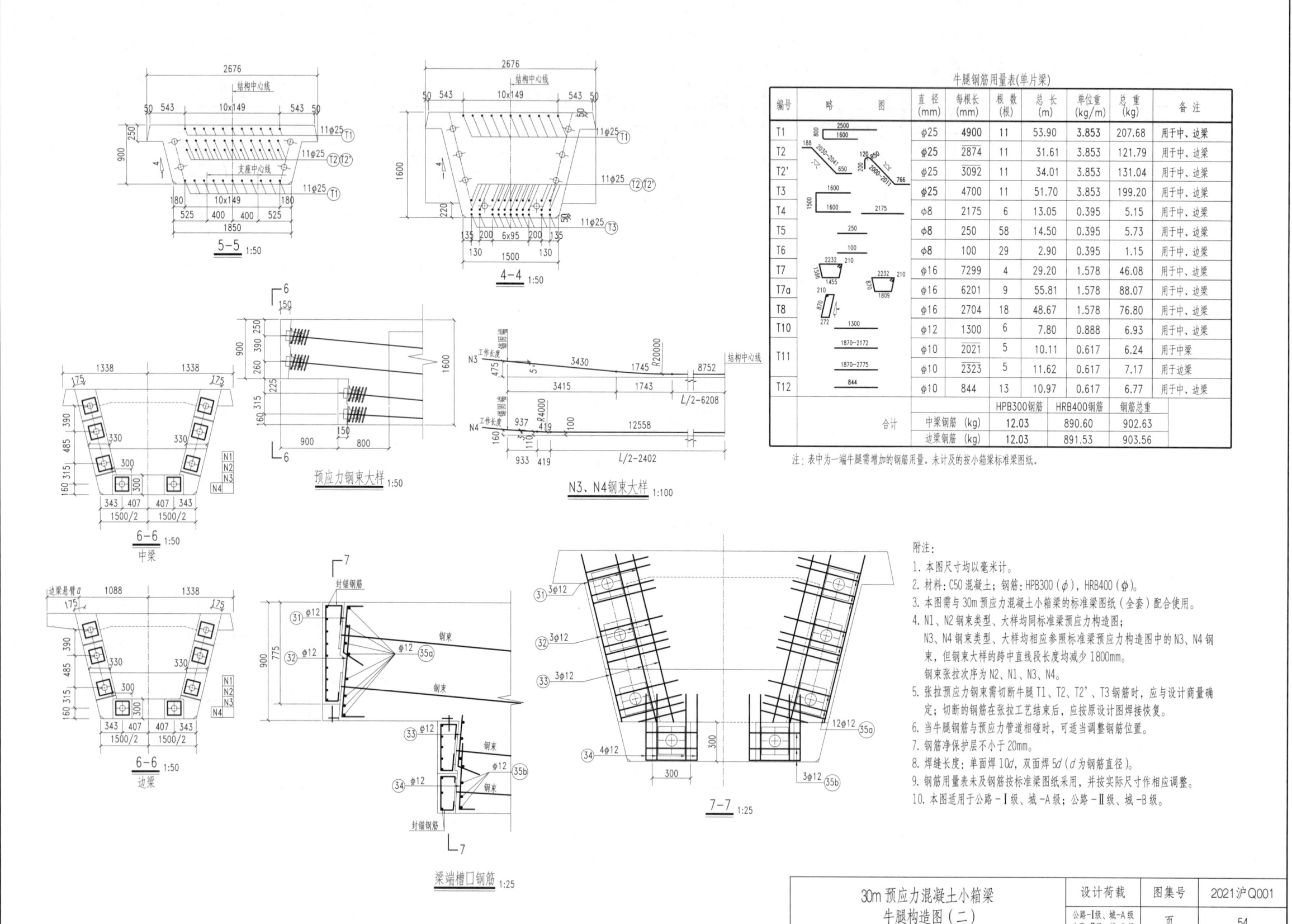

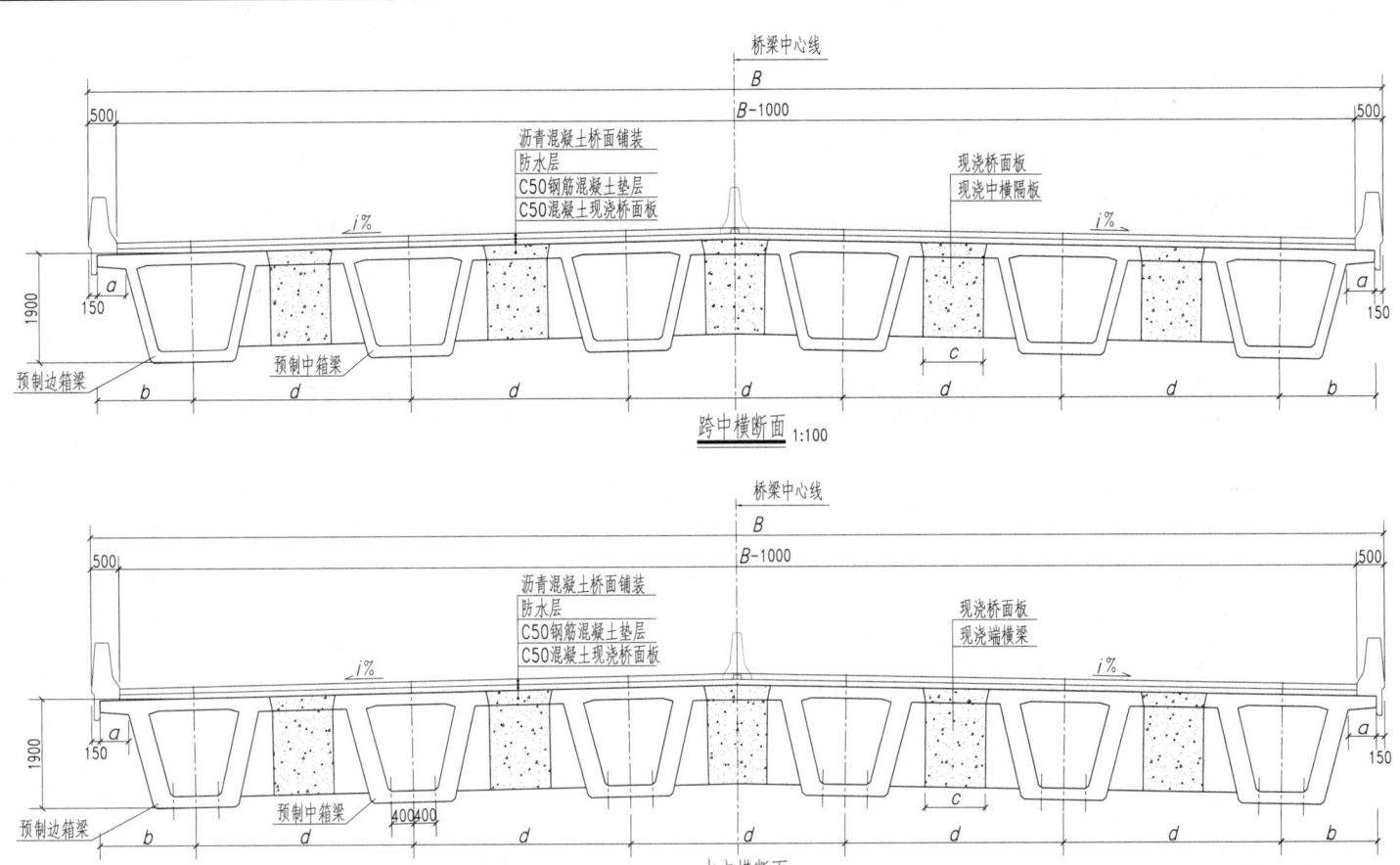

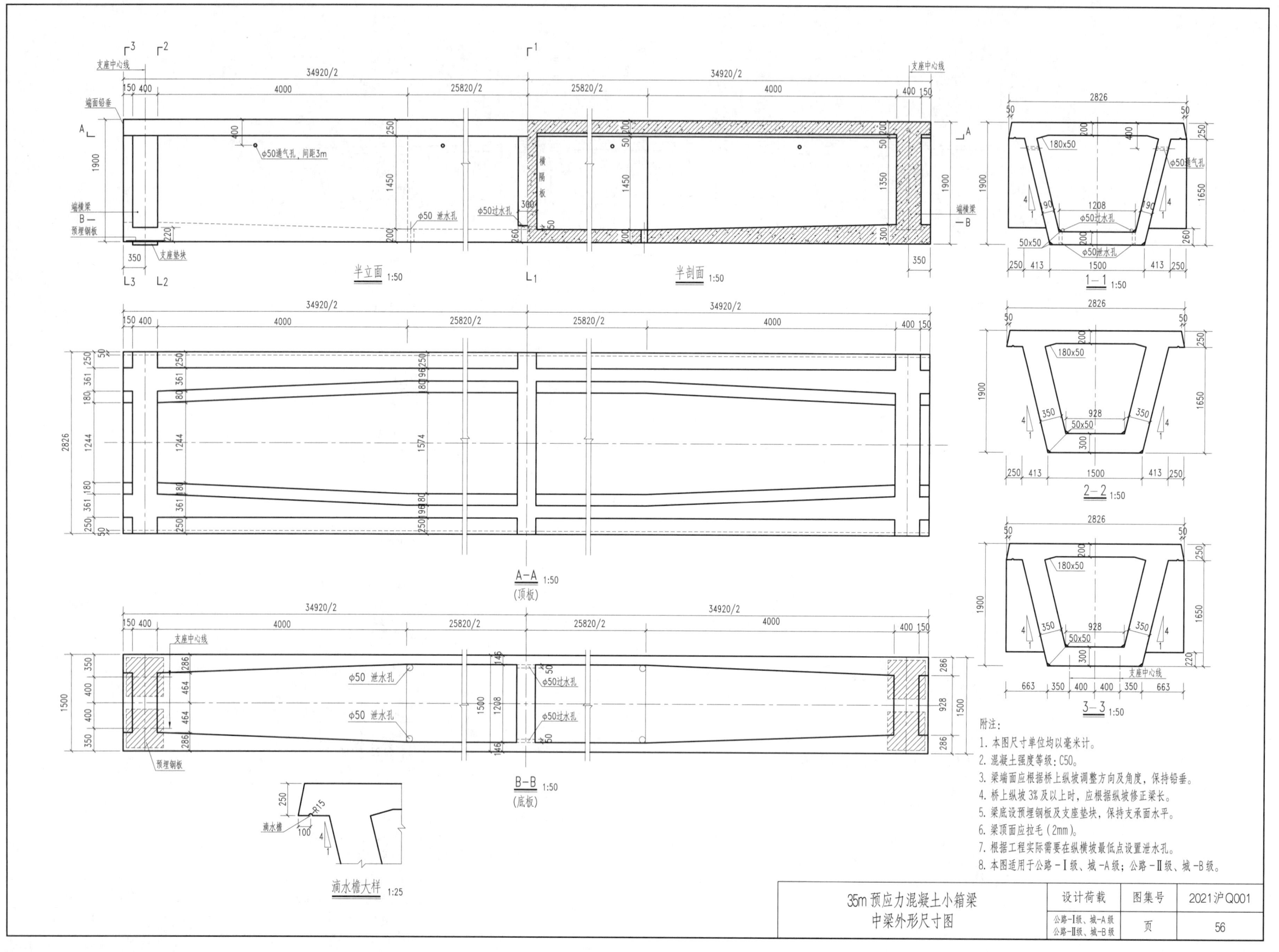

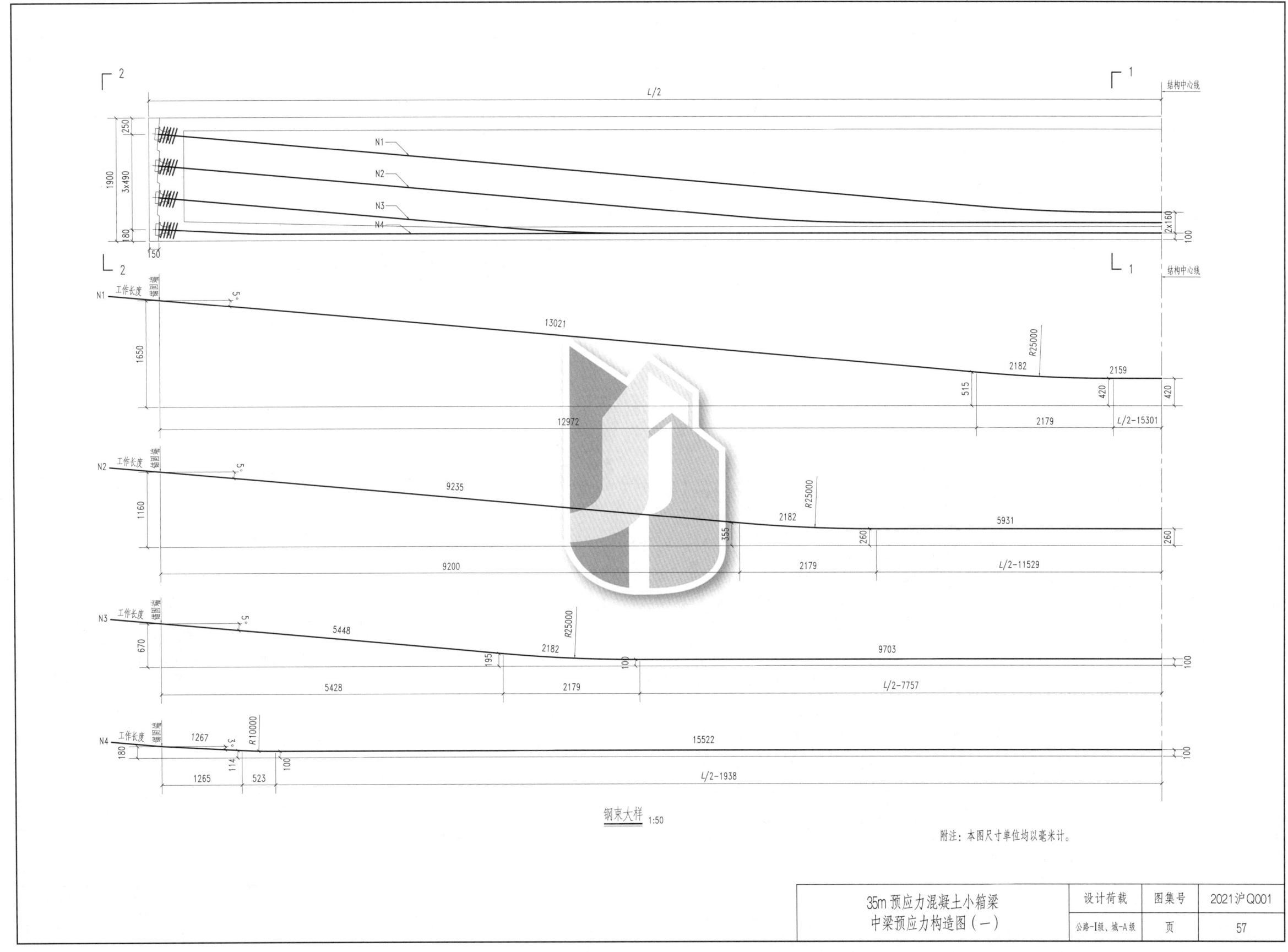

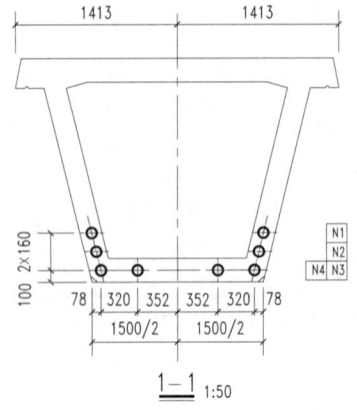

1—1 1:50

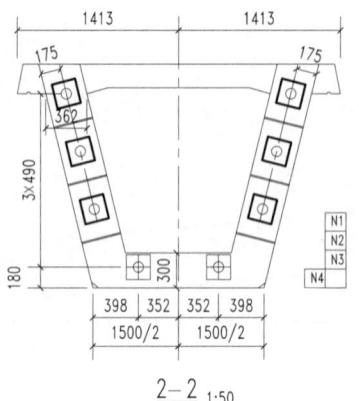

2—2 1:50

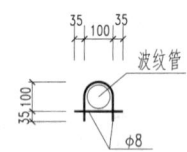

预应力管道定位钢筋示意 1:20

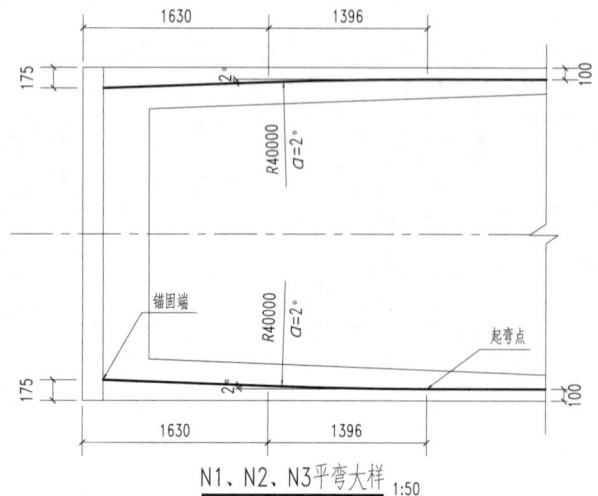

N1、N2、N3平弯大样 1:50

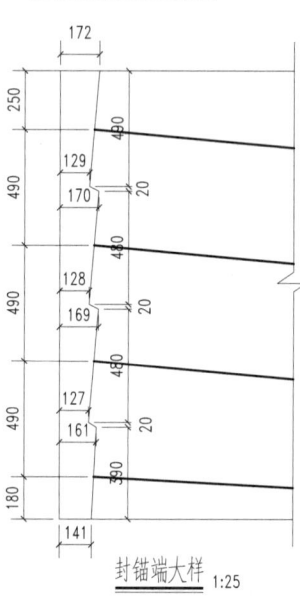

封锚端大样 1:25

预应力钢束材料表（计算梁长L=34920mm）

钢束编号	钢束类型	根数（根）	单根长（mm）	工作长度（mm）	下料长度（mm）	总长（m）	单位重（kg/m）	总重（kg）	波纹管长度(m)（内径80mm）	两端张拉总伸长量（mm）	锚具（套）YJM15-9
N1	$\phi^s 15.20-9$	2	34724	1600	36324	72.65	9.909	719.87	69.45	245	4
N2	$\phi^s 15.20-9$	2	34696	1600	36296	72.59	9.909	719.31	69.39	244	4
N3	$\phi^s 15.20-9$	2	34666	1600	36266	72.53	9.909	718.72	69.33	243	4
N4	$\phi^s 15.20-9$	2	34624	1600	36224	72.45	9.909	717.89	69.25	243	4
合计						290.22		2875.79	277.42		16

附注：
1. 本图尺寸单位均以毫米计。
2. 预应力钢筋采用ϕ^s15.20mm钢绞线（GB/T 5224），抗拉强度标准值f_{pk}=1860MPa，弹性模量E_p=1.95×10^{5}MPa。锚具采用多孔夹片式锚具（GB/T 14370）。波纹管推荐采用金属波纹管。
3. 当混凝土强度、弹性模量均达到100%设计值，且龄期不宜小于7d，方可张拉预应力筋。
4. 预应力钢绞线控制张拉应力（锚下）σ_{con}=0.75f_{pk}=1395MPa，张拉采用张拉力与伸长量双控，钢束张拉次序为N3、N2、N1、N4，同一编号的预应力钢束宜对称均匀张拉。锚固后钢束可用砂轮机切割，外露长度不小于30mm。
5. 锚垫板、预应力管道位置必须准确，锚垫板与预应力管道必须垂直。管道灌浆可采用循环压浆工艺或真空辅助压浆工艺，确保压浆密实。压浆材料应具有良好的流动性和稠度，抗压强度不小于50MPa。压浆后梁端部凿毛，封锚采用微膨胀C50细石混凝土，水胶比不大于0.36。
6. 普通钢筋与预应力钢束管道发生冲突时，普通钢筋位置可适当调整。在张拉槽处可临时切断，封锚时焊接恢复。
7. 预应力管道定位钢筋按0.5m设置1组。每片梁按109.94kg计。
8. 本图适用于公路-Ⅰ级、城-A级。

35m预应力混凝土小箱梁
中梁预应力构造图（二）

设计荷载：公路-Ⅰ级、城-A级
图集号：2021沪Q001
页：58

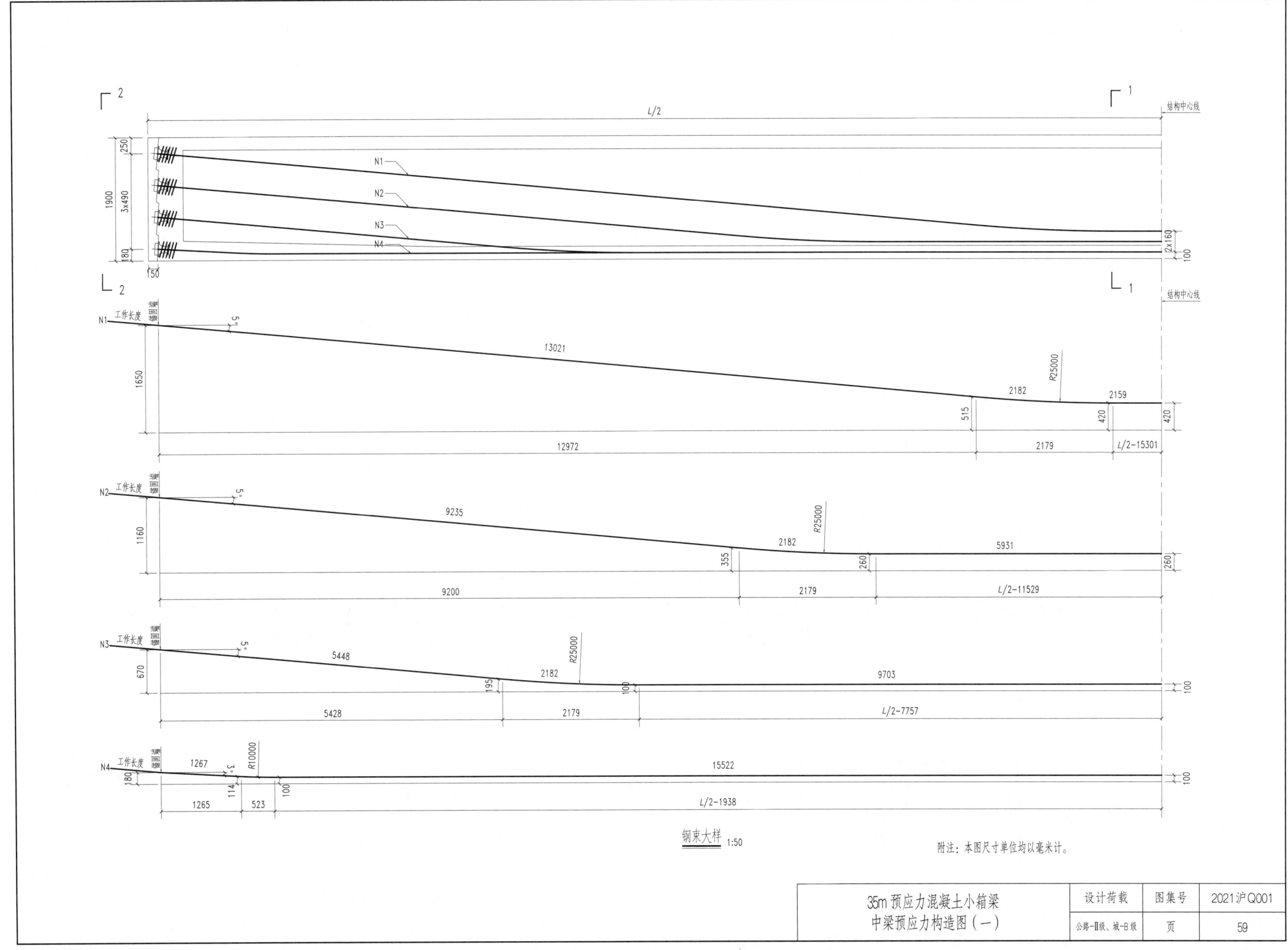

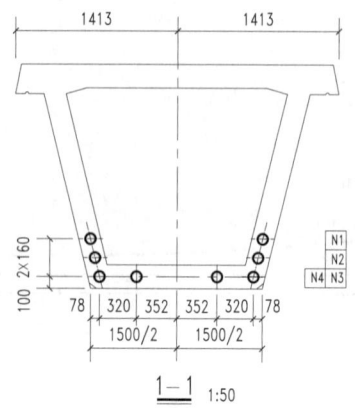

1-1 1:50

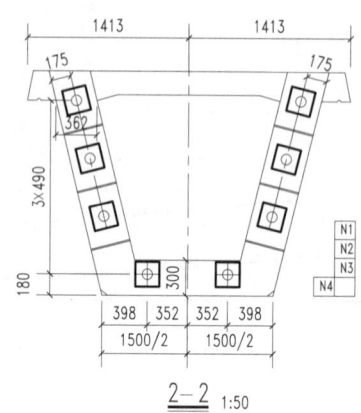

2-2 1:50

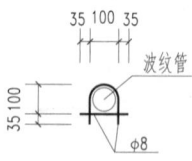

预应力管道定位钢筋示意 1:20

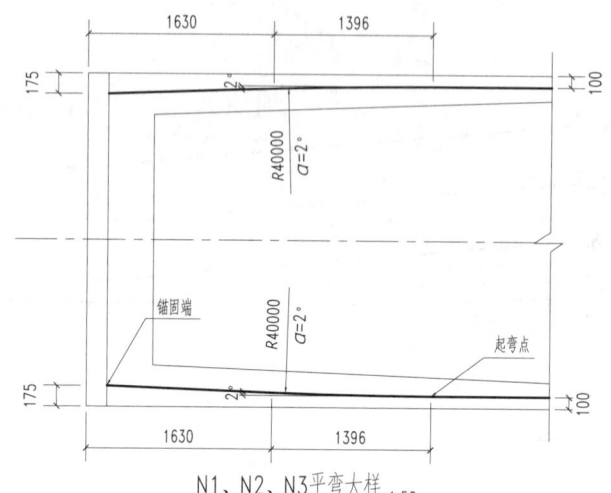

N1、N2、N3平弯大样 1:50

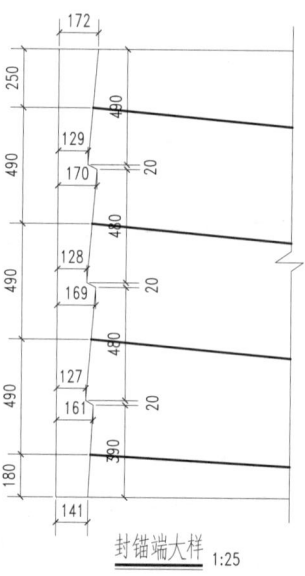

封锚端大样 1:25

预应力钢束材料表（计算梁长L=34920mm）

钢束编号	钢筋类型	根数（根）	单根长（mm）	工作长度（mm）	下料长度（mm）	总长（m）	单位重（kg/m）	总重（kg）	波纹管长度m（内径70mm）	波纹管长度m（内径80mm）	两端张拉总伸长量（mm）	锚具（套） YJM15-7	锚具（套） YJM15-9
N1	φ^{s}15.20-9	2	34724	1600	36324	72.65	9.909	719.87		69.45	245		4
N2	φ^{s}15.20-9	2	34696	1600	36296	72.59	9.909	719.31		69.39	244		4
N3	φ^{s}15.20-9	2	34666	1600	36266	72.53	9.909	718.72		69.33	243		4
N4	φ^{s}15.20-7	2	34624	1600	36224	72.45	7.707	558.36	69.25		243	4	
合计						290.22		2716.26	69.25	208.17		4	12

附注：
1. 本图尺寸单位均以毫米计。
2. 预应力钢筋采用φ^{s}15.20mm钢绞线（GB/T 5224），抗拉强度标准值f_{pk}=1860MPa，弹性模量E_p=1.95×10^{5}MPa。锚具采用多孔夹片式锚具（GB/T 14370）。波纹管推荐采用金属波纹管。
3. 当混凝土强度、弹性模量均达到100%设计值，且龄期不宜小于7d，方可张拉预应力筋。
4. 预应力钢绞线控制张拉应力（锚下）σ_{con}=0.75f_{pk}=1395MPa，张拉采用张拉力与伸长量双控，钢束张拉次序为N3、N2、N1、N4，同一编号的预应力钢束应对称均匀张拉。锚固后钢束可用砂轮机切割，外露长度不小于30mm。
5. 锚垫板、预应力管道位置必须准确，锚垫板与预应力管道必须垂直。管道灌浆可采用循环压浆工艺或真空辅助压浆工艺，确保压浆密实。压浆材料应具有良好的流动性和稠度，抗压强度不小于50MPa。压浆后梁端部凿毛，封锚采用微膨胀C50细石混凝土，水胶比不大于0.36。
6. 普通钢筋与预应力钢束管道发生冲突时，普通钢筋位置可适当调整。在张拉槽处可临时切断，封锚时焊接恢复。
7. 预应力管道定位钢筋按0.5m设置1组。每片梁按109.94kg计。
8. 本图适用于公路-Ⅱ级、城-B级。

35m预应力混凝土小箱梁 中梁预应力构造图（二）

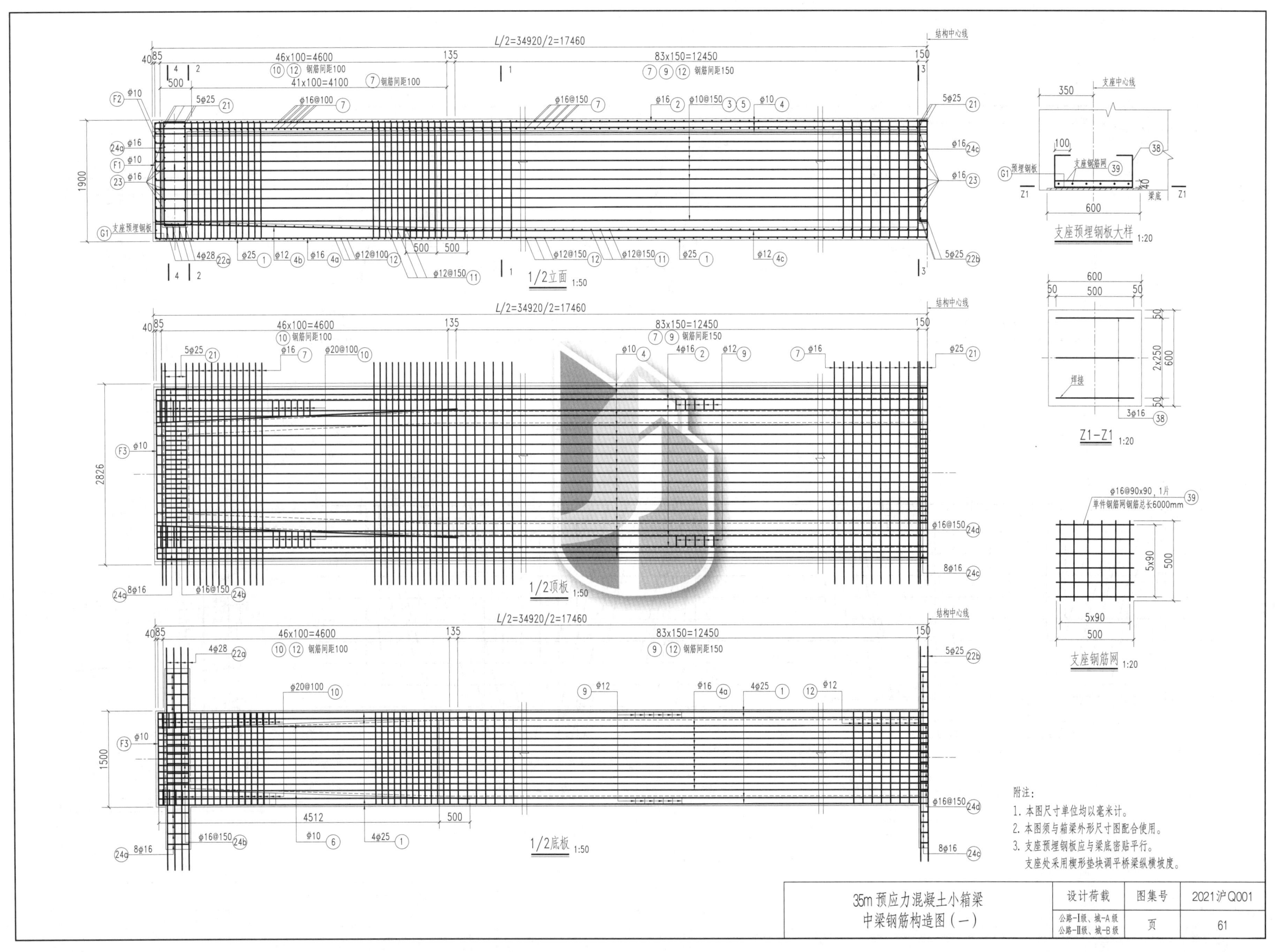

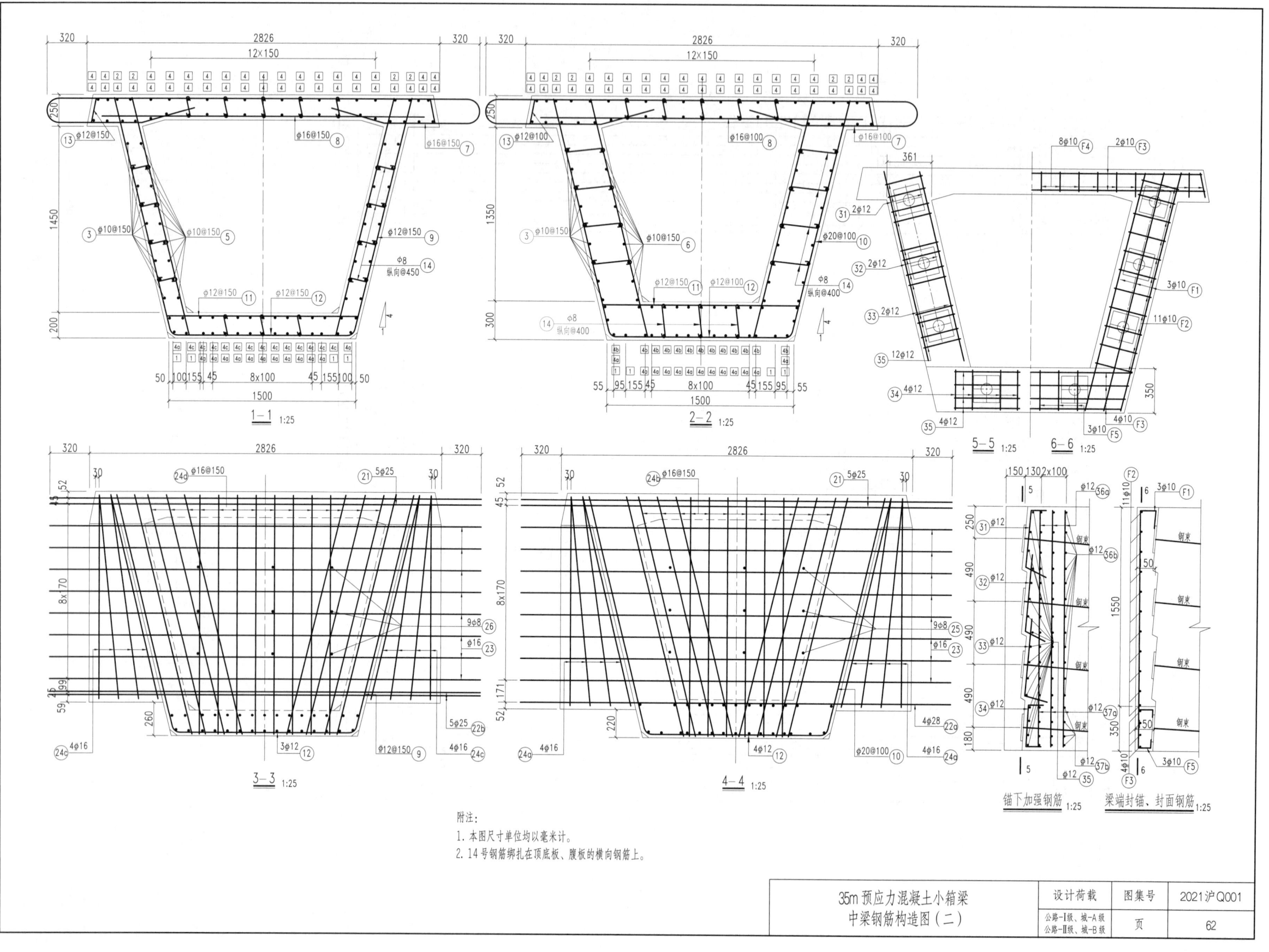

附注：
1. 本图尺寸单位均以毫米计。
2. 14号钢筋绑扎在顶底板、腹板的横向钢筋上。

35m 预应力混凝土小箱梁
中梁钢筋构造图（二）

表1 钢筋用量表(单片梁)

编号	略图	直径(mm)	每根长(mm)	根数(根)	总长(m)	单位重(kg/m)	总重(kg)
1	34840	φ25	34840	4	139.36	3.853	536.95
2	34840	φ16	34840	4	139.36	1.578	219.91
3	34840	φ10	34840	18	627.12	0.617	386.93
4	34840	φ10	34840	38	1323.92	0.617	816.86
4a	34840	φ16	34840	13	452.92	1.578	714.71
4b	5100 5100	φ12	5100	26	132.60	0.888	117.75
4c	26820	φ12	26820	13	348.66	0.888	309.61
5	26820	φ10	26820	18	482.76	0.617	297.86
6	5100 5100	φ10	5100	36	183.60	0.617	113.28
7	R298 3276 436 R95 671~805 671~805	φ16	6220	254	1579.88	1.578	2493.05
8	2581	φ16	2581	254	655.58	1.578	1034.51
9	160 1905 210 1905	φ12	4414	338	1491.93	0.888	1324.83
10	142 4669 142~297	φ20	4669	188	877.77	2.466	2164.58
11	300 1533~1583 300	φ12	2158	226	487.71	0.888	433.09
12	300 1459 300	φ12	2059	263	541.52	0.888	480.87
13	194 180 180	φ12	554	508	281.43	0.888	249.91
14	80 148~276 372	φ8	372	1216	452.35	0.395	178.68

续表1

编号	略图	直径(mm)	每根长(mm)	根数(根)	总长(m)	单位重(kg/m)	总重(kg)
21	3466	φ25	3466	15	51.99	3.853	200.32
22a	3466	φ28	3466	8	27.73	4.834	134.05
22b	3466	φ25	3466	5	17.33	3.853	66.77
23	3466	φ16	3466	48	166.37	1.578	262.53
24a	210 1624~1673 210 344	φ16	4394	16	70.31	1.578	110.94
24b	210 1844~1912 210 344	φ16	4864	24	116.74	1.578	184.22
24c	210 1584~1632 210 234	φ16	4104	8	32.83	1.578	51.81
24d	80 1844~1912 80 234	φ16	4644	14	65.02	1.578	102.60
25	80 336	φ8	496	18	8.92	0.395	3.52
26	80 236	φ8	396	9	3.56	0.395	1.40
31	120 445 180	φ12	745	8	5.96	0.888	5.29
32	600 180	φ12	780	8	6.24	0.888	5.54
33	180 600 180	φ12	780	8	6.24	0.888	5.54
34	290 180	φ12	650	16	10.40	0.888	9.24
35	180 298,500 180	φ12	658,860	48,16	45.35	0.888	40.27
36a	1515	φ12	1515	36	54.54	0.888	48.43
36b	300	φ12	300	144	43.20	0.888	38.36
37a	300	φ12	300	48	14.40	0.888	12.79
37b	300	φ12	300	48	14.40	0.888	12.79
38	200 100 500	φ16	1100	12	13.20	1.578	20.83

续表1

编号	略图	直径(mm)	每根长(mm)	根数(根)	总长(m)	单位重(kg/m)	总重(kg)
39	支座钢筋网	φ16	6000	4	24.00	1.58	37.92
G1	Q235B钢板 t=12		600×600	4		33.91	135.65
合计	C50混凝土：58.78m³		HPB300(φ) 183.60kg HRB400(Φ)13044.90kg 总重：13228.50kg			钢板：135.65 kg	

表2 梁端封锚、封面钢筋表（单片梁两端）

编号	略图	直径(mm)	每根长(mm)	根数(根)	总长(m)	单位重(kg/m)	总重(kg)
F1	125 100 1896	φ10	2320	12	27.84	0.617	17.18
F2	99 100 280	φ10	280	44	12.32	0.617	7.60
F3	1454~2786	φ10	2120	12	25.44	0.617	15.70
F4	150~200 115 300	φ10	175	32	5.60	0.617	3.46
F5	99 100 100 714	φ10	714	12	8.57	0.617	5.29
合计	钢筋：HRB400(Φ) 49.23 kg						

附注：
1. 本图尺寸均以毫米计。
2. 主要材料：C50混凝土；钢筋：HPB300(φ)，HRB400(Φ)。
3. 钢筋净保护层不小于20mm。
4. 直径≥16mm钢筋采用焊接连接，直径＜16mm钢筋可采用绑扎。
   焊缝长度：单面焊10d，双面焊5d（d为钢筋直径）。
5. 当普通钢筋与预应力管道相碰时，钢筋位置可适当调整。
6. 锚下垫板须与预应力钢束垂直，封锚钢筋F1、F5与钢垫板点焊。
7. 钢筋长度以实际施工放样尺寸为准。
8. 梁端设伸缩缝处，应按伸缩装置构造图要求设置预埋件。
9. 本图须与中梁外形尺寸图配合使用。
10. 本图材料以梁长L=34.92m计。
11. 本图适用于公路-Ⅰ级、城-A级；公路-Ⅱ级、城-B级。

35m预应力混凝土小箱梁 中梁钢筋构造图（三）

设计荷载：公路-Ⅰ级、城-A级；公路-Ⅱ级、城-B级

图集号：2021沪Q001

页 63

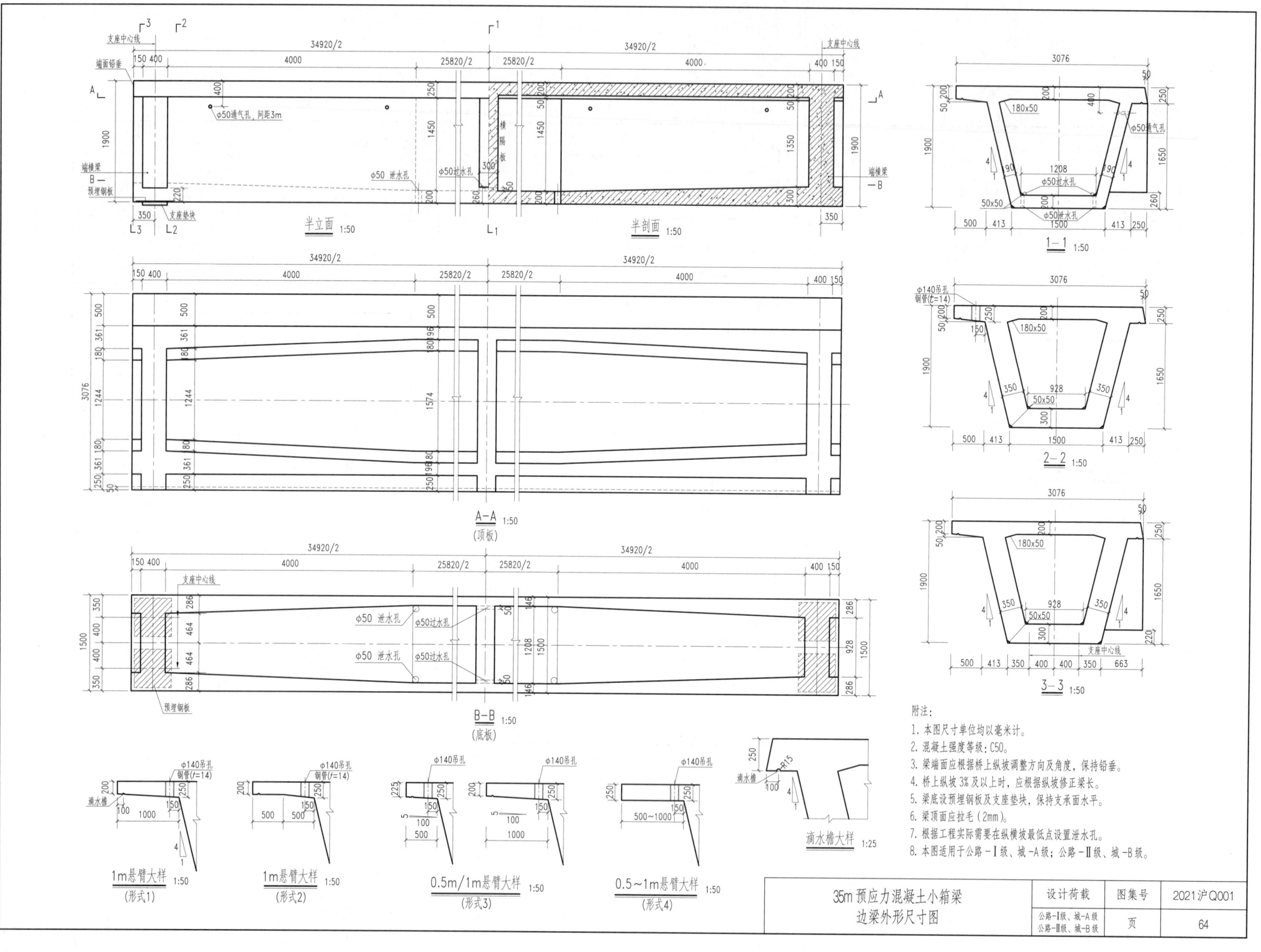

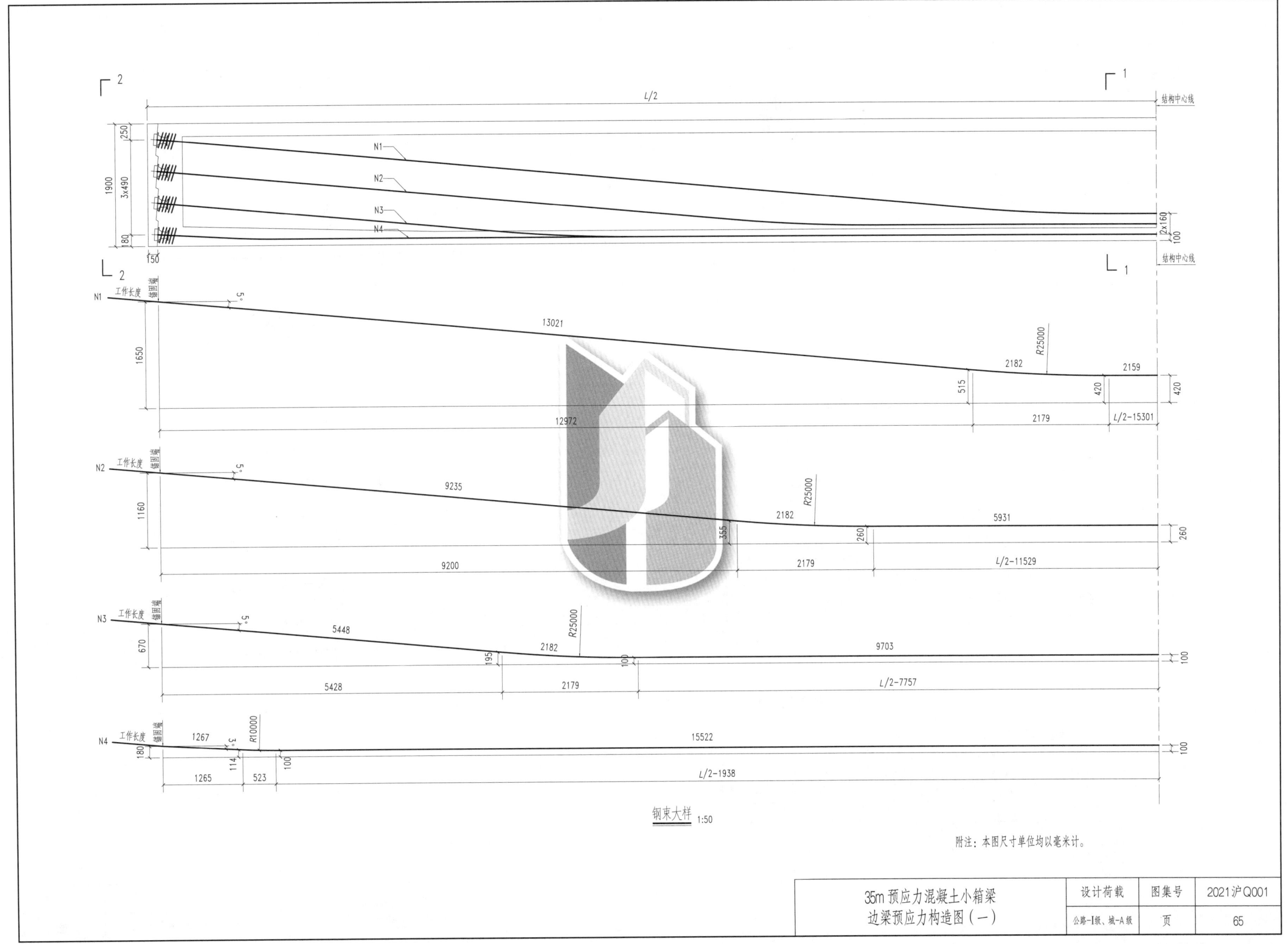

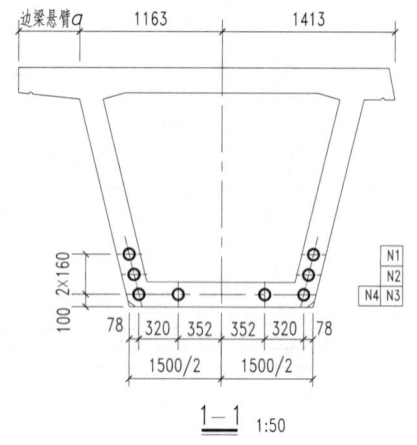

1-1 1:50

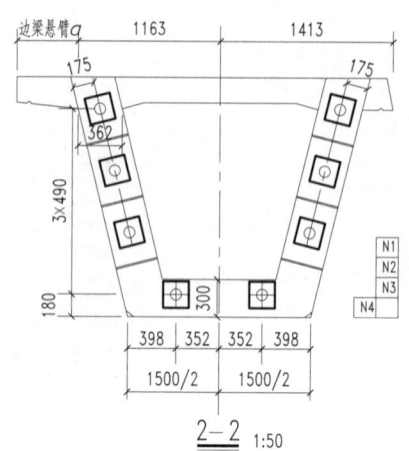

2-2 1:50

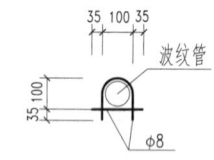

预应力管道定位钢筋示意 1:20

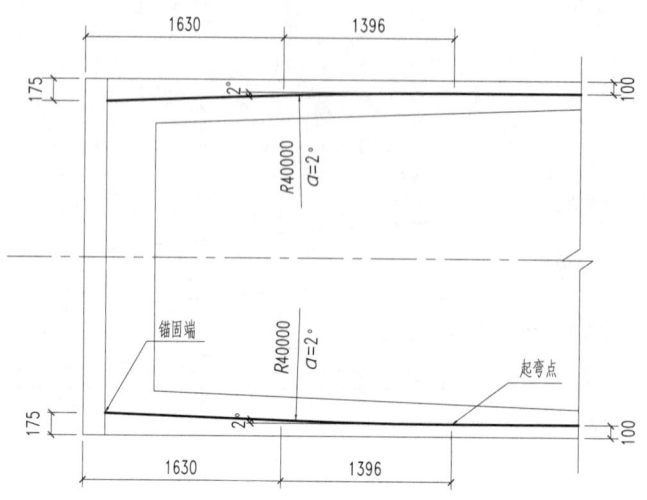

N1、N2、N3平弯大样 1:50

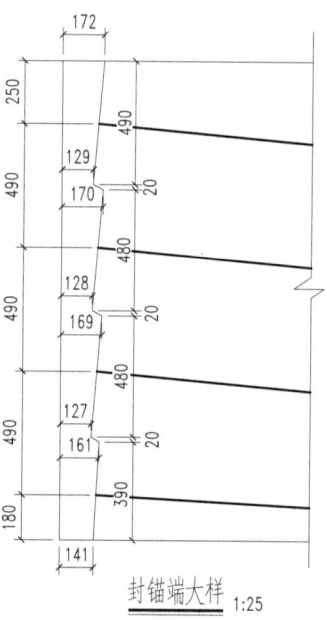

封锚端大样 1:25

预应力钢束材料表（计算梁长 L=34920mm）

钢束编号	钢束类型	根数（根）	单根长度（mm）	工作长度（mm）	下料长度（mm）	总长（m）	单位重（kg/m）	总重（kg）	波纹管长度m（内径80mm）	（内径85mm）	两端张拉总伸长量（mm）	锚具（套）YJM15-9	YJM15-12
N1	$\phi^s15.20-12$	2	34724	1600	36324	72.65	13.212	959.83		69.45	245		4
N2	$\phi^s15.20-9$	2	34696	1600	36296	72.59	9.909	719.31	69.39		244	4	
N3	$\phi^s15.20-9$	2	34666	1600	36266	72.53	9.909	718.72	69.33		243	4	
N4	$\phi^s15.20-9$	2	34624	1600	36224	72.45	9.909	717.89	69.25		243	4	
合计						290.22		3115.75	207.97	69.45		12	4

附注：
1. 本图尺寸单位均以毫米计。
2. 预应力钢筋采用 $\phi^s15.20$mm钢绞线（GB/T 5224），抗拉强度标准值 $f_{pk}=1860$MPa，弹性模量 $E_p=1.95\times10^5$MPa。锚具采用多孔夹片式锚具（GB/T 14370）。波纹管推荐采用金属波纹管。
3. 当混凝土强度、弹性模量均达到100%设计值，且龄期不宜小于7d，方可张拉预应力筋。
4. 预应力钢绞线控制张拉应力（锚下）$\sigma_{con}=0.75 f_{pk}=1395$MPa，张拉采用张拉力与伸长量双控，钢束张拉次序为 N3、N2、N1、N4，同一编号的预应力钢束宜对称均匀张拉。锚固后钢束可用砂轮机切割，外露长度不小于30mm。
5. 锚垫板、预应力管道位置必须准确，锚垫板与预应力管道必须垂直。管道灌浆可采用循环压浆工艺或真空辅助压浆工艺，确保压浆密实。压浆材料应具有良好的流动性和稠度，抗压强度不小于50MPa。压浆后梁端部凿毛，封锚采用微膨胀C50细石混凝土，水胶比不大于0.36。
6. 普通钢筋与预应力钢束管道发生冲突时，普通钢筋位置可适当调整。在张拉槽处可临时切断，封锚时焊接恢复。
7. 预应力管道定位钢筋按0.5m设置1组。每片梁按109.94kg计。
8. 本图适用于公路-I级、城-A级。

35m预应力混凝土小箱梁 边梁预应力构造图（二）	设计荷载	图集号	2021沪Q001
	公路-I级、城-A级	页	66

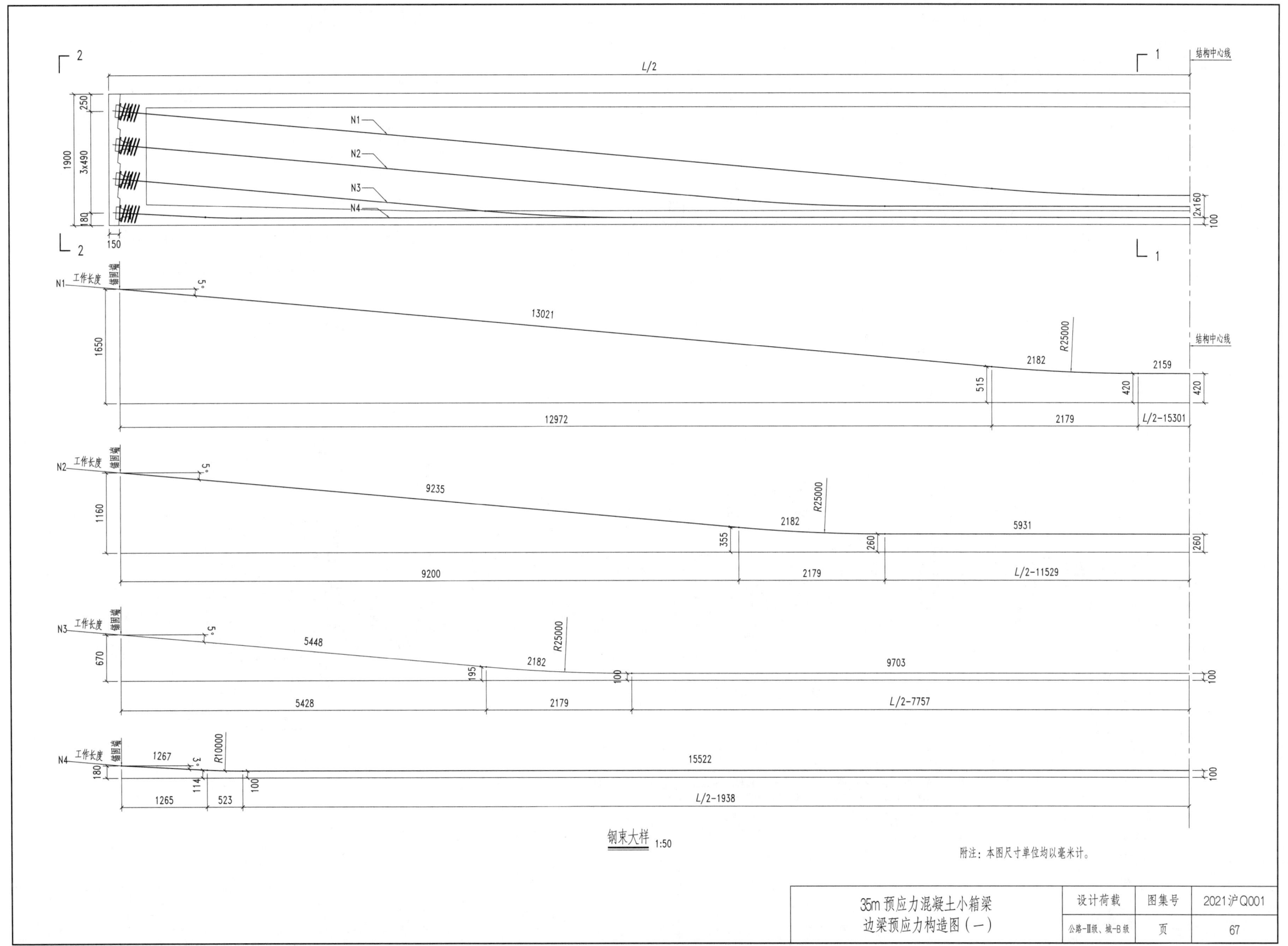

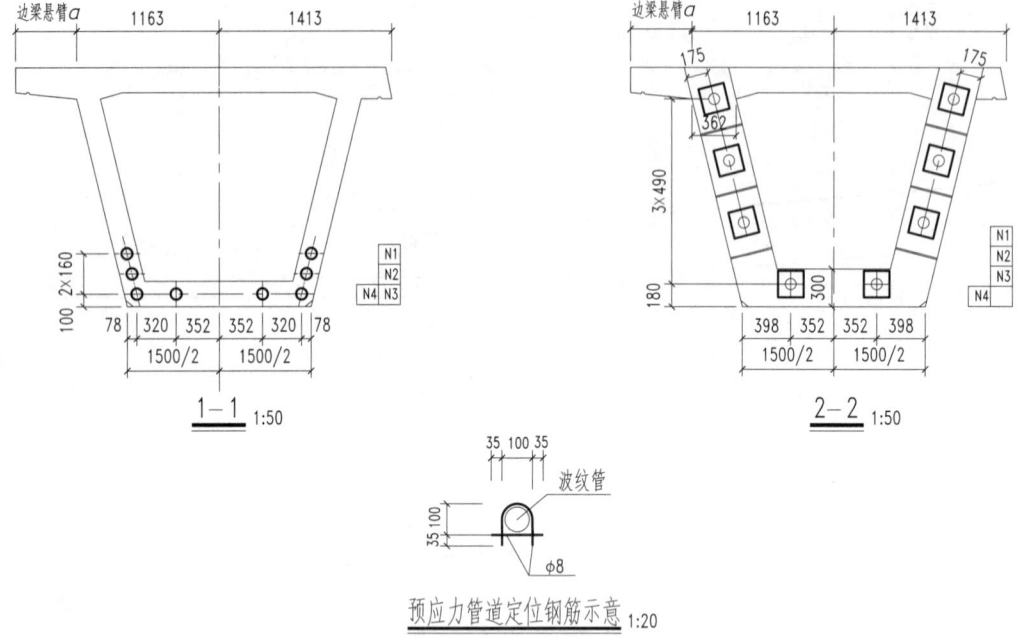

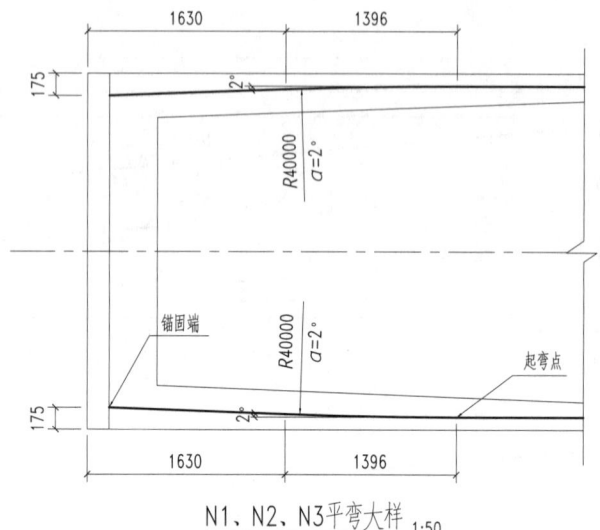

N1、N2、N3平弯大样 1:50

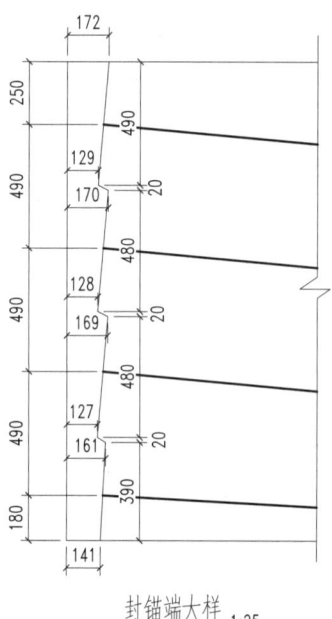

封锚端大样 1:25

预应力管道定位钢筋示意 1:20

预应力钢束材料表（计算梁长 $L=34920mm$）

钢束编号	钢束类型	根数（根）	单根长（mm）	工作长度（mm）	下料长度（mm）	总长（m）	单位重（kg/m）	总重（kg）	波纹管总长度m（内径80mm）	两端张拉总伸长量（mm）	锚具（套）YJM15-9
N1	$\phi^s15.20-9$	2	34724	1600	36324	72.65	9.909	719.87	69.45	245	4
N2	$\phi^s15.20-9$	2	34696	1600	36296	72.59	9.909	719.31	69.39	244	4
N3	$\phi^s15.20-9$	2	34666	1600	36266	72.53	9.909	718.72	69.33	243	4
N4	$\phi^s15.20-9$	2	34624	1600	36224	72.45	9.909	717.89	69.25	243	4
合计						290.22		2875.79	277.42		16

附注：

1. 本图尺寸单位均以毫米计。
2. 预应力钢筋采用 $\phi^s15.20mm$ 钢绞线（GB/T 5224），抗拉强度标准值 $f_{pk}=1860MPa$，弹性模量 $E_p=1.95\times10^5MPa$。锚具采用多孔夹片式锚具（GB/T 14370）。波纹管推荐采用金属波纹管。
3. 当混凝土强度、弹性模量均达到100%设计值，且龄期不宜小于7d，方可张拉预应力筋。
4. 预应力钢绞线控制张拉应力（锚下）$\sigma_{con}=0.75f_{pk}=1395MPa$，张拉采用张拉力与伸长量双控，钢束张拉次序为N3、N2、N1、N4，同一编号的预应力钢束宜对称均匀张拉。锚固后钢束可用砂轮机切割，外露长度不小于30mm。
5. 锚垫板、预应力管道位置必须准确，锚垫板与预应力管道必须垂直。管道灌浆可采用循环压浆工艺或真空辅助压浆工艺，确保压浆密实。压浆材料应具有良好的流动性和稠度，抗压强度不小于50MPa。压浆后梁端部凿毛，封锚采用微膨胀C50细石混凝土，水胶比不大于0.36。
6. 普通钢筋与预应力钢筋管道发生冲突时，普通钢筋位置可适当调整。在张拉槽处可临时切断，封锚时焊接恢复。
7. 预应力管道定位钢筋按0.5m设置1组。每片梁按109.94kg计。
8. 本图适用于公路-Ⅱ级、城-B级。

35m预应力混凝土小箱梁边梁预应力构造图（二）

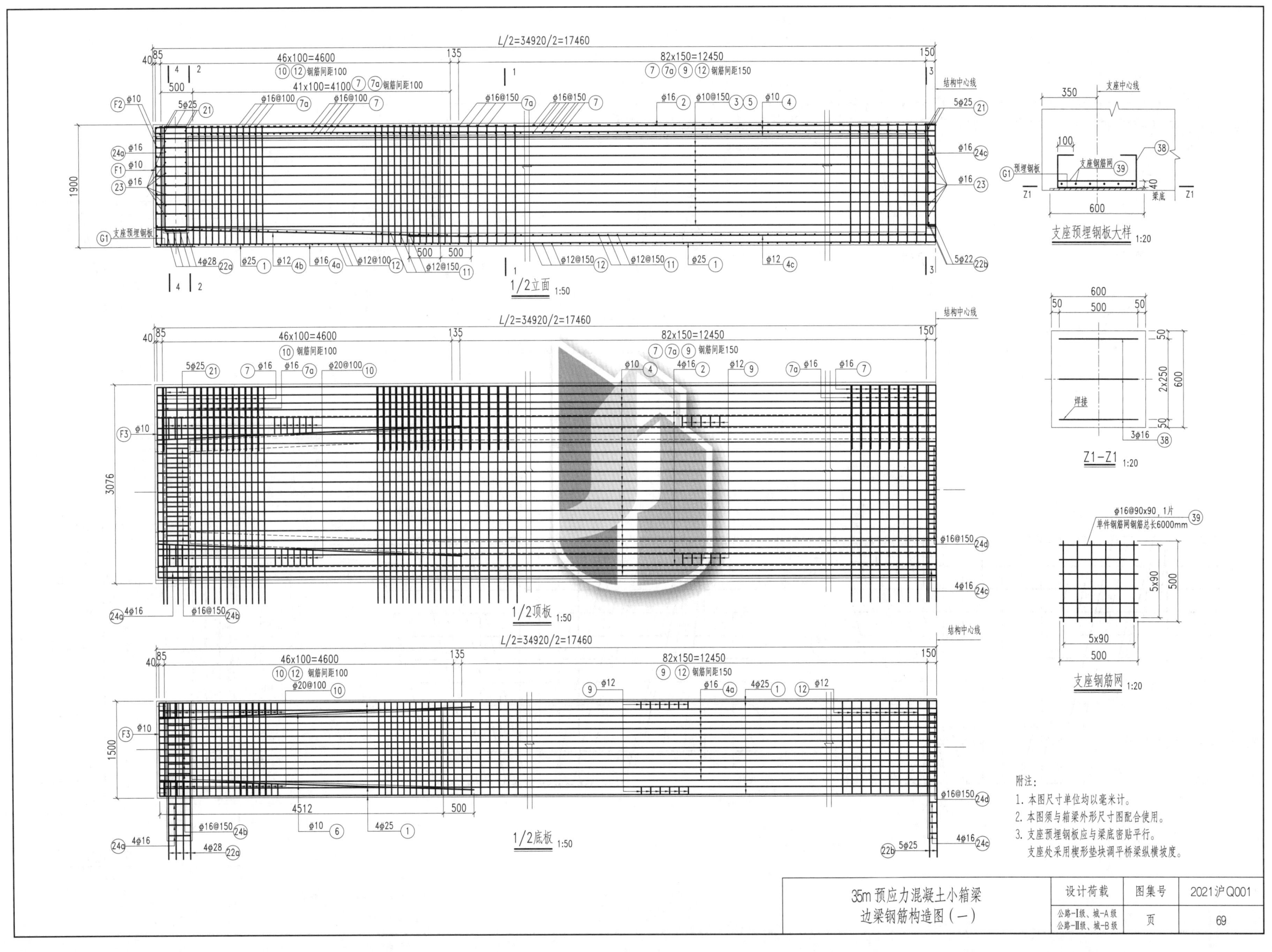

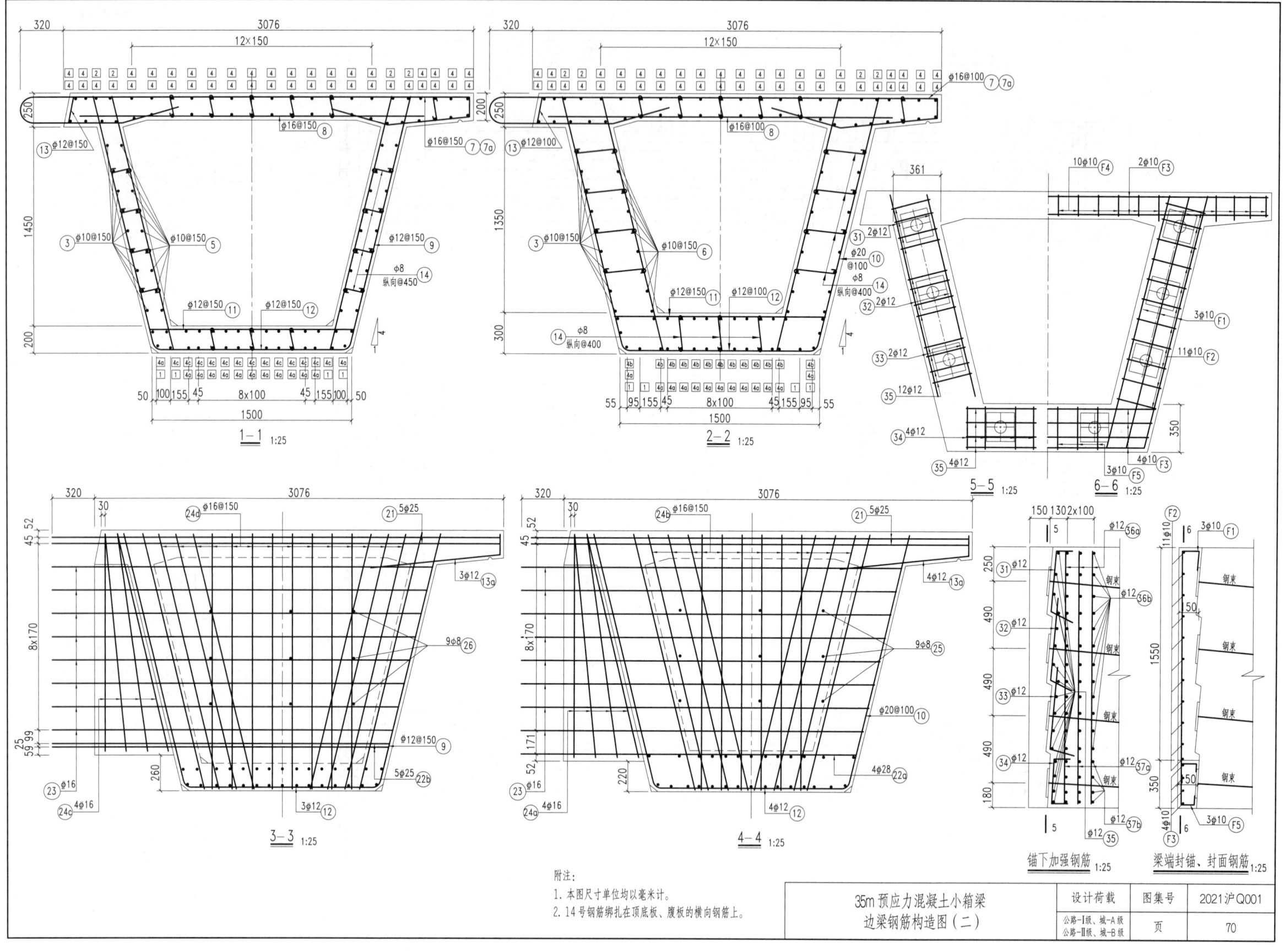

表1 钢筋用量表(单片梁)

编号	略图	直径(mm)	每根长(mm)	根数(根)	总长(m)	单位重(kg/m)	总重(kg)
1	34840	φ25	34840	4	139.36	3.853	536.95
2	34840	φ16	34840	4	139.36	1.578	219.91
3	34840	φ10	34840	18	627.12	0.617	386.93
4	34840	φ10	34840	42	1463.28	0.617	902.84
4a	34840	φ16	34840	13	452.92	1.578	714.71
4b	5100 5100	φ12	5100	26	132.60	0.888	117.75
4c	26820	φ12	26820	13	348.66	0.888	309.61
5	26820	φ10	26820	18	482.76	0.617	297.86
6	5100 5100	φ10	5100	36	183.60	0.617	113.28
7	3281 略图	φ16	6106	254	1550.93	1.578	2447.37
7a	1215	φ16	1215	254	308.61	1.578	486.99
8	2581	φ16	2581	254	655.58	1.578	1034.51
9	略图	φ12	4414	338	1491.93	0.888	1324.83
10	4669	φ20	4669	188	877.77	2.466	2164.58
11	1533~1583	φ12	2158	226	487.71	0.888	433.09
12	1459	φ12	2059	263	541.52	0.888	480.87
13	略图	φ12	534	254	140.84	0.888	124.72
13a	2094	φ12	2094	11	23.04	0.888	20.46
14	387	φ8	387	1292	500.00	0.395	197.50

续表1

编号	略图	直径(mm)	每根长(mm)	根数(根)	总长(m)	单位重(kg/m)	总重(kg)
21	3370	φ25	3370	15	50.55	3.853	194.62
22a	2537	φ28	2537	8	20.29	4.830	98.00
22b	2537	φ25	2537	15	38.06	3.850	146.53
23	2578~2866	φ16	2722	48	130.66	1.578	206.18
24a	1624~1673	φ16	4394	8	35.16	1.578	55.47
24b	1844~1912	φ16	4846	24	116.30	1.578	183.52
24c	1584~1632	φ16	4104	4	16.42	1.578	25.91
24d	1844~1912	φ16	4635	14	64.89	1.578	102.39
25	略图	φ8	496	18	8.92	0.395	3.52
26	略图	φ8	396	9	3.56	0.395	1.40
31	略图	φ12	745	8	5.96	0.888	5.29
32	略图	φ12	780	8	6.24	0.888	5.54
33	略图	φ12	780	8	6.24	0.888	5.54
34	略图	φ12	650	16	10.40	0.888	9.24
35	略图	φ12	658,860	48,16	45.35	0.888	40.27
36a	1515	φ12	1515	36	54.54	0.888	48.43
36b	300	φ12	300	144	43.20	0.888	38.36
37a	300	φ12	300	48	14.40	0.888	12.79
37b	300	φ12	300	48	14.40	0.888	12.79
38	略图	φ16	1100	12	13.20	1.578	20.83

续表1

编号	略图	直径(mm)	每根长(mm)	根数(根)	总长(m)	单位重(kg/m)	总重(kg)
39	支座钢筋网	φ16	6000	4	24.00	1.578	37.92
G1	Q235B钢板 t=12		600×600	4		33.91	135.65
合计	C50混凝土：60.02m³	钢筋：HPB300(φ) 202.42 kg HRB400(Φ) 13366.88 kg 总重：13569.30 kg				钢板：135.65 kg	

表2 梁端封锚、封面钢筋表(单片梁两端)

编号	略图	直径(mm)	每根长(mm)	根数(根)	总长(m)	单位重(kg/m)	总重(kg)
F1	略图	φ10	2320	12	27.84	0.617	17.18
F2	280	φ10	280	44	12.32	0.617	7.60
F3	1454~3036	φ10	2245	12	26.94	0.617	16.62
F4	150~200	φ10	175	36	6.30	0.617	3.89
F5	略图	φ10	714	12	8.57	0.617	5.29
合计	钢筋：HRB400(Φ) 50.58 kg						

附注：
1. 本图尺寸均以毫米计。
2. 主要材料：C50混凝土；钢筋：HPB300(φ)，HRB400(Φ)。
3. 钢筋净保护层不小于20mm。
4. 直径≥16mm钢筋采用焊接连接，直径＜16mm钢筋可采用绑扎。
   焊缝长度：单面焊10d，双面焊5d（d为钢筋直径）。
5. 当普通钢筋与预应力管道相碰时，钢筋位置可适当调整。
6. 锚下垫板须与预应力钢束垂直，封锚钢筋F1、F5与钢垫板点焊。
7. 钢筋长度以实际施工放样尺寸为准。
8. 梁端设伸缩缝处，应按伸缩装置构图要求设置预埋件。
9. 本图须与中梁外形尺寸图配合使用。
10. 本图材料以梁长L=34.94m，边梁悬臂长0.5m计。
11. 边梁悬臂长1.0m时按图作调整，钢筋、混凝土用量增加。
12. 本图适用于公路-Ⅰ级、城-A级；公路-Ⅱ级、城-B级。

35m预应力混凝土小箱梁 边梁钢筋构造图（三）	设计荷载	图集号	2021沪Q001
	公路-Ⅰ级、城-A级 公路-Ⅱ级、城-B级	页	71

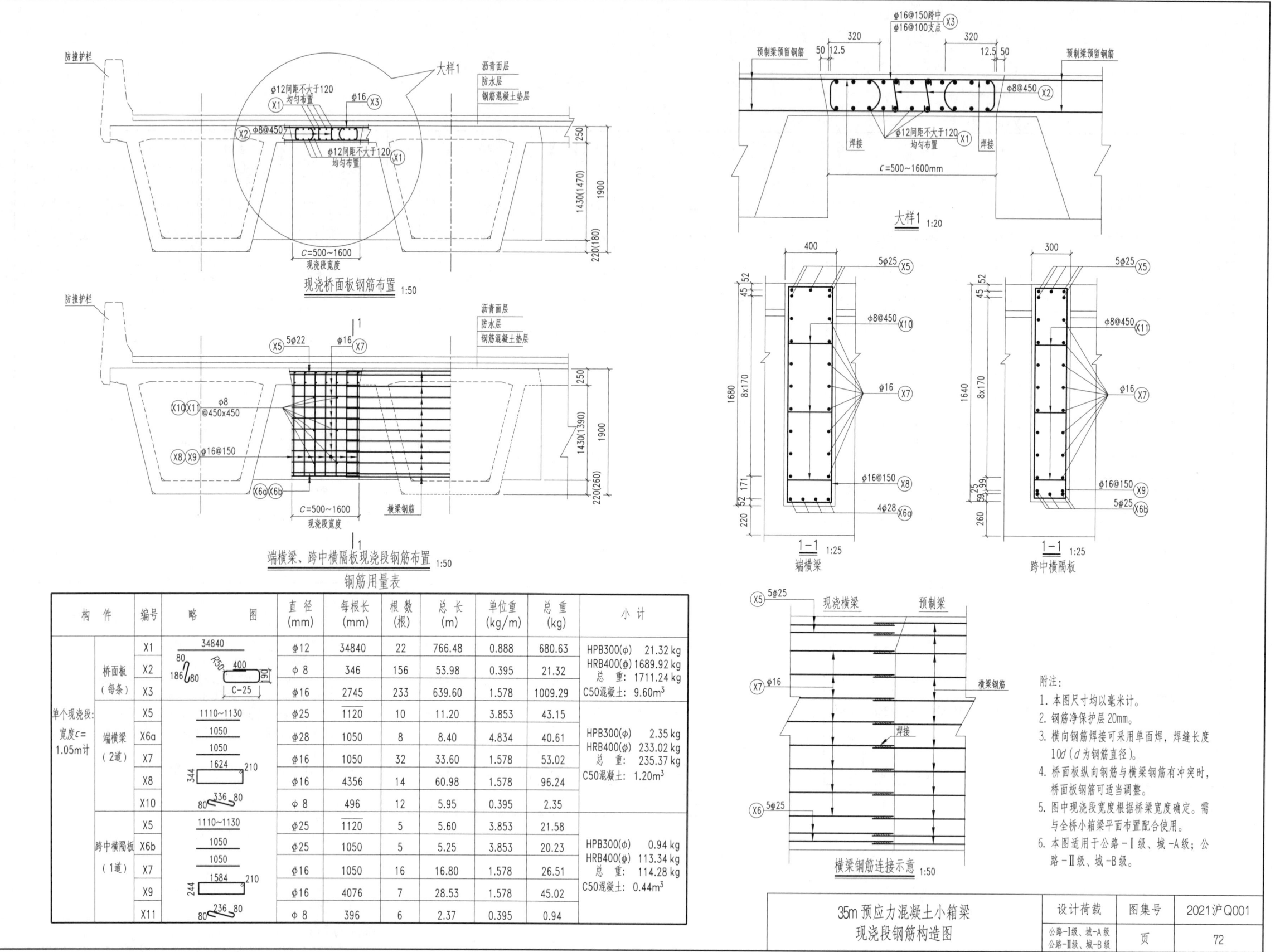

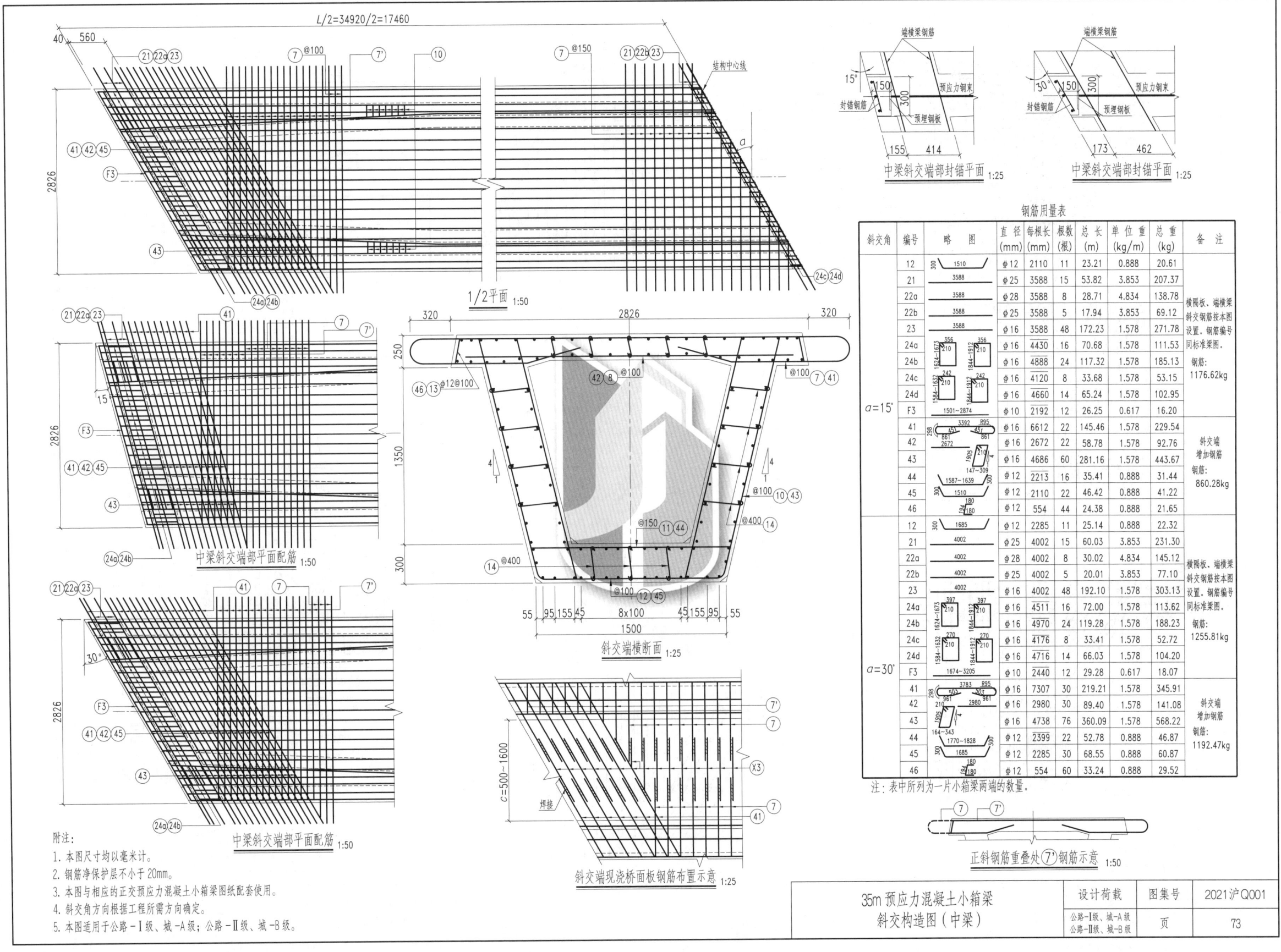

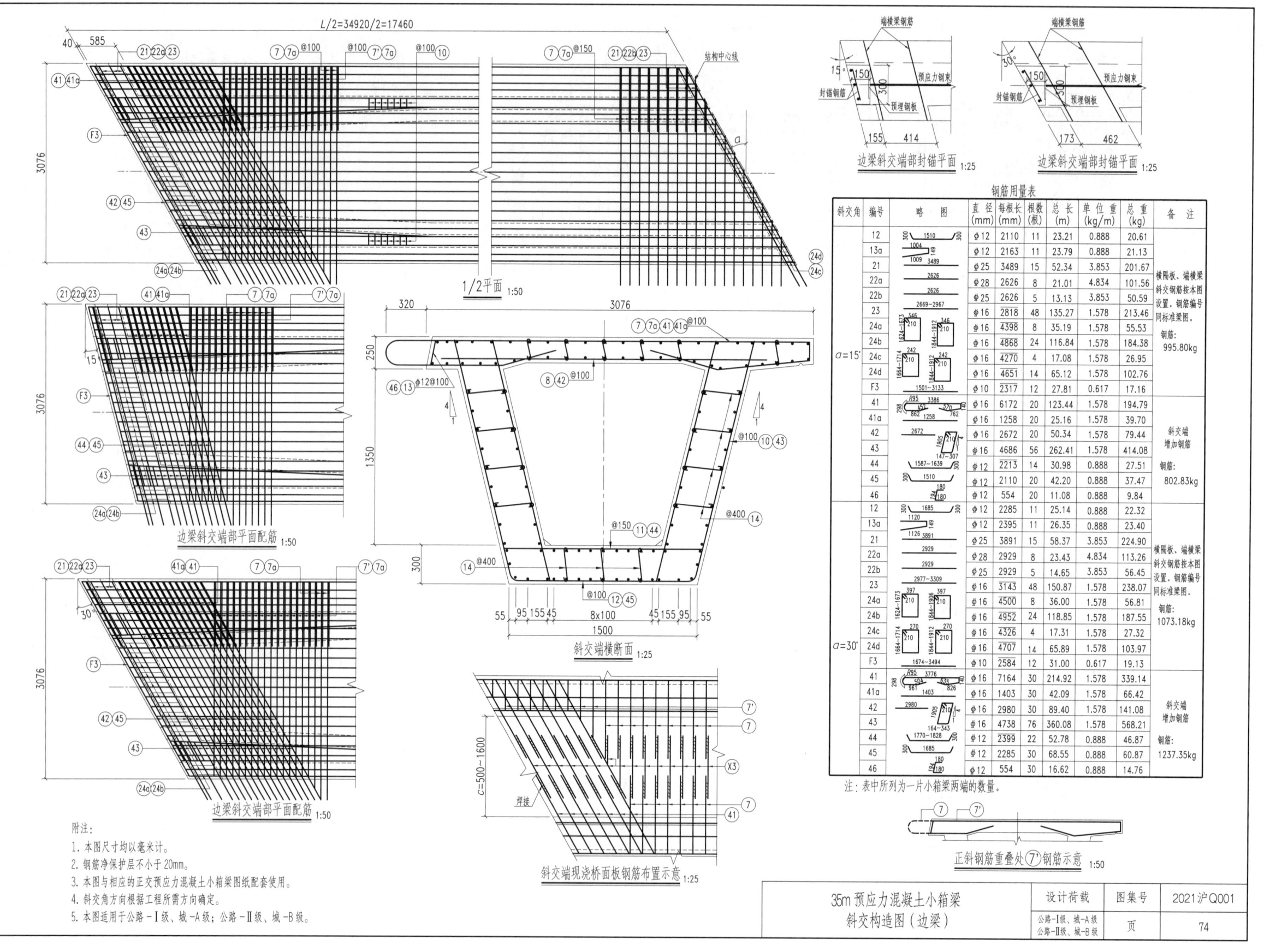

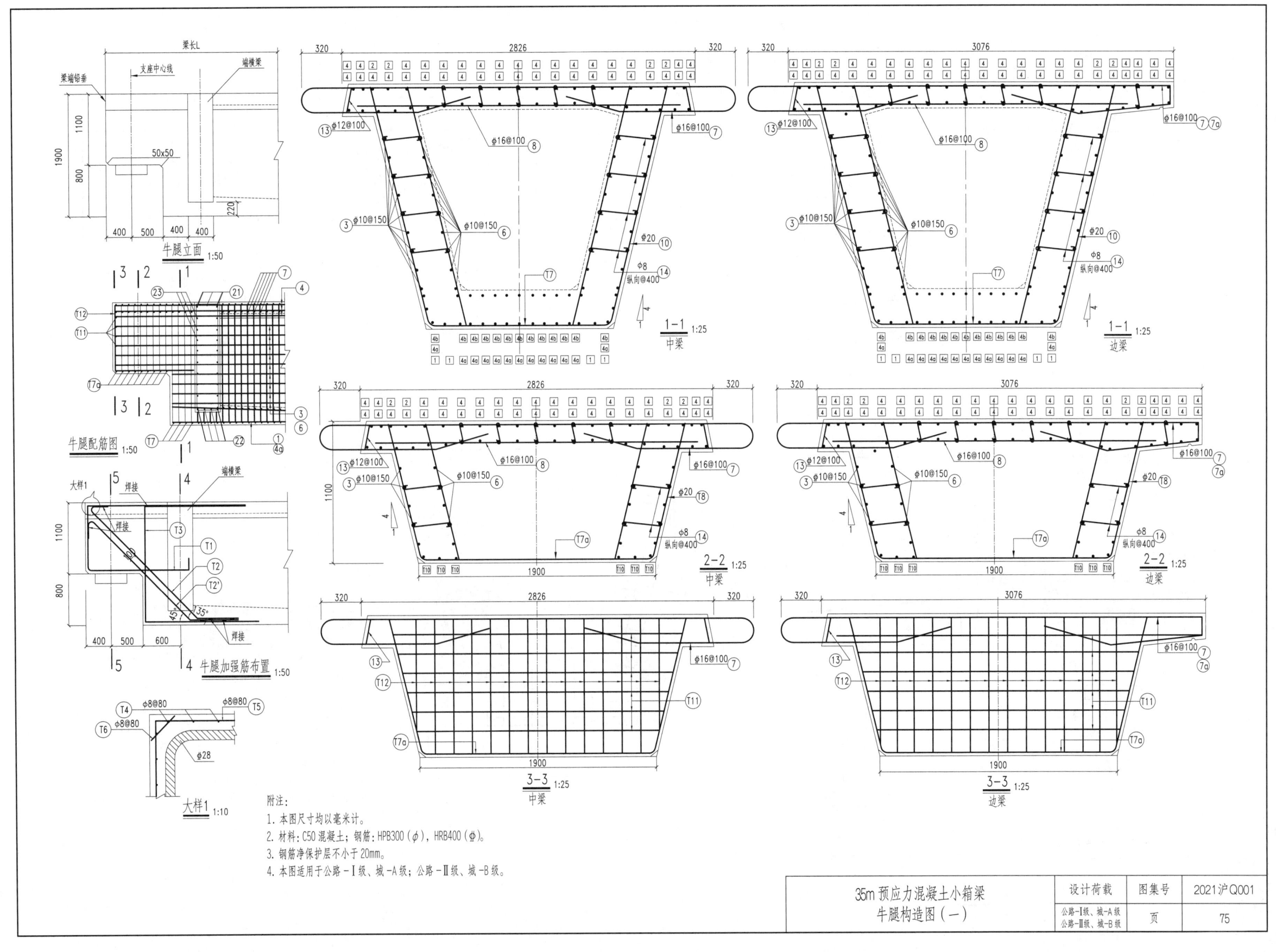

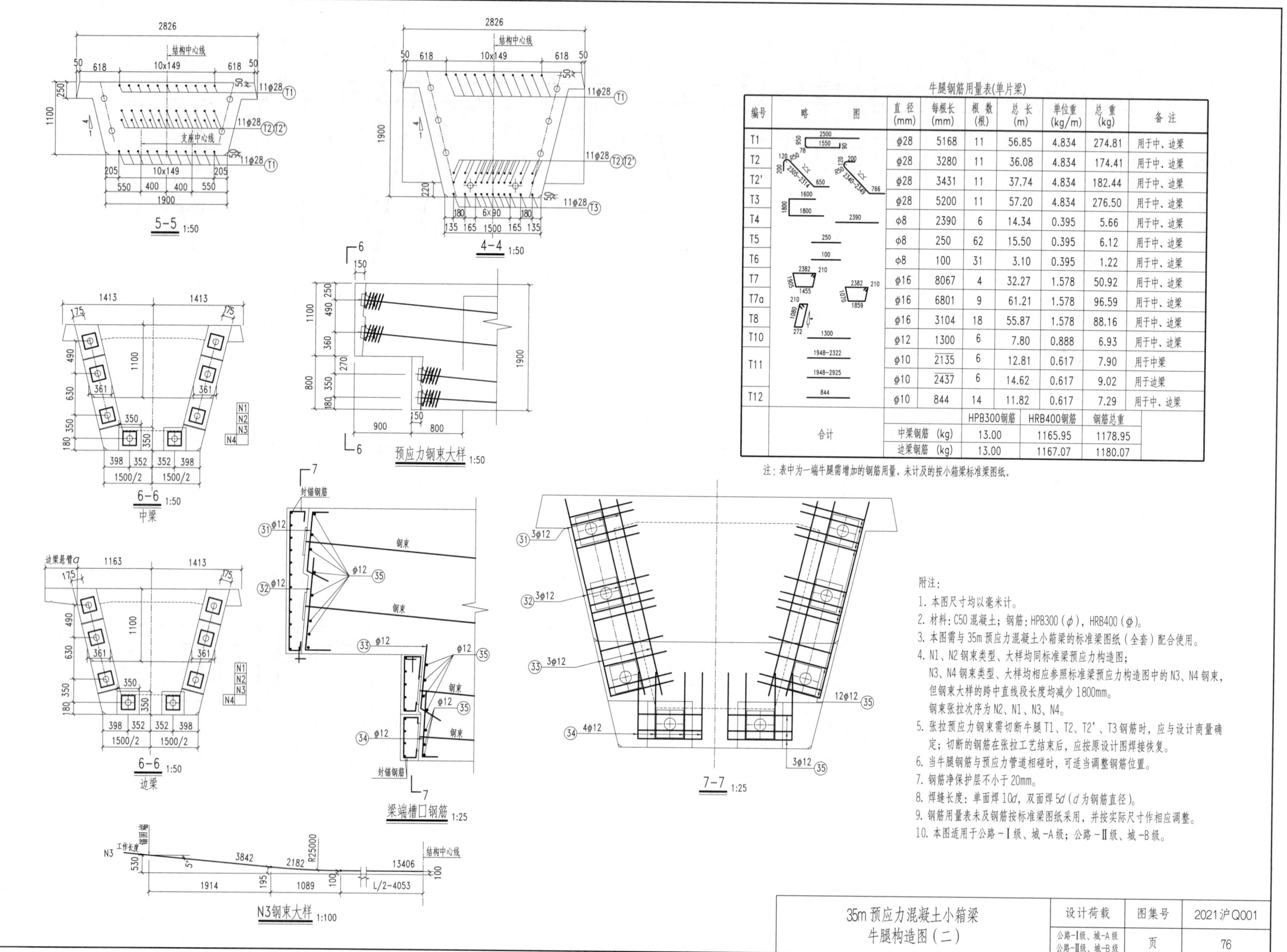

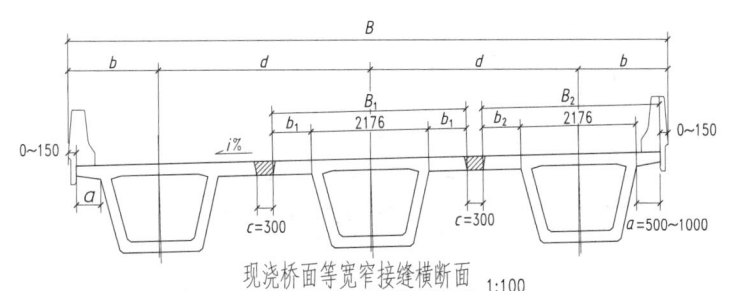

现浇桥面等宽窄接缝横断面 1:100

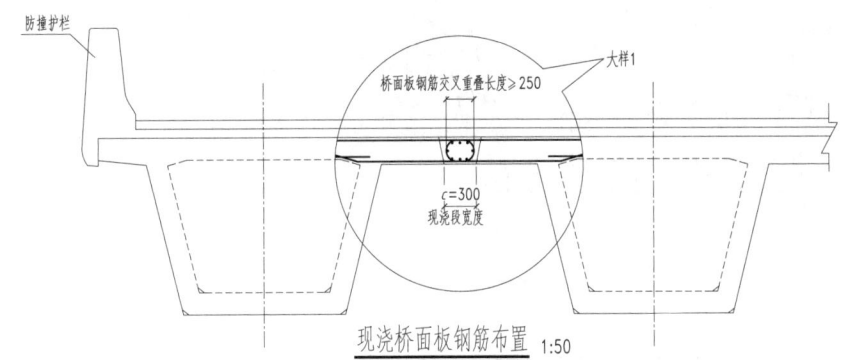

现浇桥面板钢筋布置 1:50

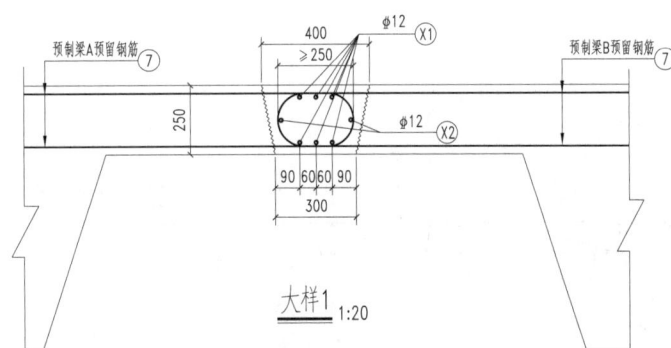

大样1 1:20

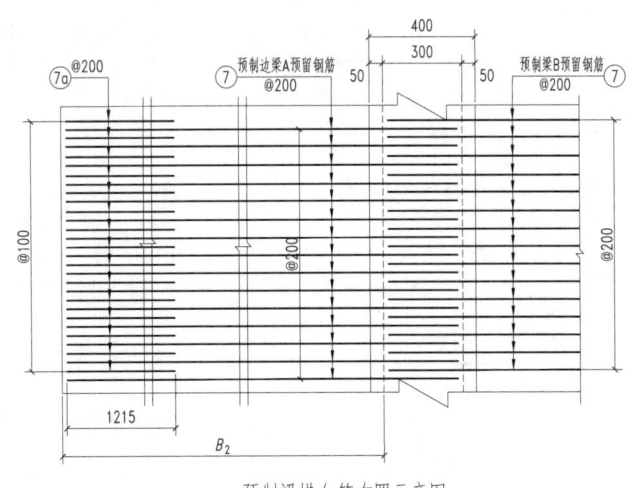

预制梁横向筋布置示意图 1:20

表1 接缝钢筋用量表

编号	略图	直径(mm)	每根长(mm)	根数(根)	总长(m)	单位重(kg/m)	总重(kg)	小计
X1	29840	φ12	29840	6	179.04	0.888	158.99	C60钢纤维混凝土：2.62m³
X2	29840	φ12	29840	2	59.68	0.888	52.99	钢筋：211.98 kg

表2 中梁钢筋用量表（单片梁）

编号	略图	直径(mm)	每根长(mm)	根数(根)	总长(m)	单位重(kg/m)	总重(kg)
4	29840	φ10	29840	$4 \times n_1 + 30$	$119.36 \times n_1 + 895.20$	0.617	$73.65 \times n_1 + 552.34$
7	R95 $2b_1+2566$ 298 436 436 $b_1+(391\sim525)$ $b_1+(391\sim525)$	φ20	$b_1 \times 4 + 4950$	146	$0.58 \times b_1 + 722.70$	2.466	$1.44 \times b_1 + 1782.18$
8	2431	φ20	2431	146	354.93	2.466	875.25
13	194 180 180	φ12	554	292	161.77	0.888	143.65
14	80 148~276 80	φ8	372	$146 \times n_1 + 954$	$54.31 \times n_1 + 354.89$	0.395	$21.45 \times n_1 + 140.18$

注：1. $b_1 = (B_1 - 2176)/2$，$n_1 = b_1/125$，$n_2 = n_1/3$，n_1、n_2 取值需四舍五入；
2. 本表替代标准小箱梁钢筋构造图的相应钢筋用量。

表3 边梁钢筋用量表（单片梁）

编号	略图	直径(mm)	每根长(mm)	根数(根)	总长(m)	单位重(kg/m)	总重(kg)
4	29840	φ10	29840	$2 \times n_1 + 38$	$59.68 \times n_1 + 1133.92$	0.617	$36.82 \times n_1 + 699.63$
7	R95 b_2+2841 298 436 526 740 $b_2+(391\sim525)$ 626~726	φ20	$b_2 \times 2 + 5375$	146	$0.29 \times b_2 + 784.75$	2.466	$0.72 \times b_2 + 1935.19$
7a	1215	φ20	1215	146	177.39	2.466	437.44
8	2431	φ20	2431	146	354.93	2.466	875.25
13	194 180 180	φ12	554	146	80.88	0.888	71.82
14	80 148~276 80	φ8	372	$73 \times n_2 + 1026$	$27.16 \times n_2 + 381.67$	0.395	$10.73 \times n_2 + 150.76$

注：1. $a = 500$计；
2. $b_2 = B_2 - 2176 - a$，$n_1 = b_2/125$，$n_2 = n_1/3$，n_1、n_2 取值需四舍五入；
3. 本表替代标准小箱梁钢筋构造图的相应钢筋用量。

附注：
1. 本图尺寸均以毫米计。
2. 主要材料：湿接缝混凝土采用C60钢纤维混凝土，钢纤维掺量60kg/m³。技术标准按《钢铣削型钢纤维混凝土应用技术规程》DG/TJ 08-59-2019执行；钢筋：HPB300（φ）、HRB400（Φ）。
3. 梁数、梁间距及边板悬臂长度，可根据桥面宽度按"桥梁横断面参数表"选用；本图以30m跨径、边梁悬臂 $a = 500$mm 为例，25m、35m跨径小箱梁参照执行；端横梁、中横隔板现浇段构造同标准现浇段钢筋构造图。
4. 钢筋净保护层不小于20mm；相邻预制梁的桥面板横向钢筋⑦相互交错间距100mm；桥面板纵向钢筋与横梁钢筋有冲突时，桥面板钢筋可适当调整。
5. 现浇桥面板保湿养护要求不小于7d。
6. 本图适用于公路-Ⅰ级、城-A级；公路-Ⅱ级、城-B级。

预应力混凝土小箱梁 现浇桥面等宽窄接缝构造图（一）	设计荷载	图集号 2021沪Q001
	公路-Ⅰ级、城-A级 公路-Ⅱ级、城-B级	页 77

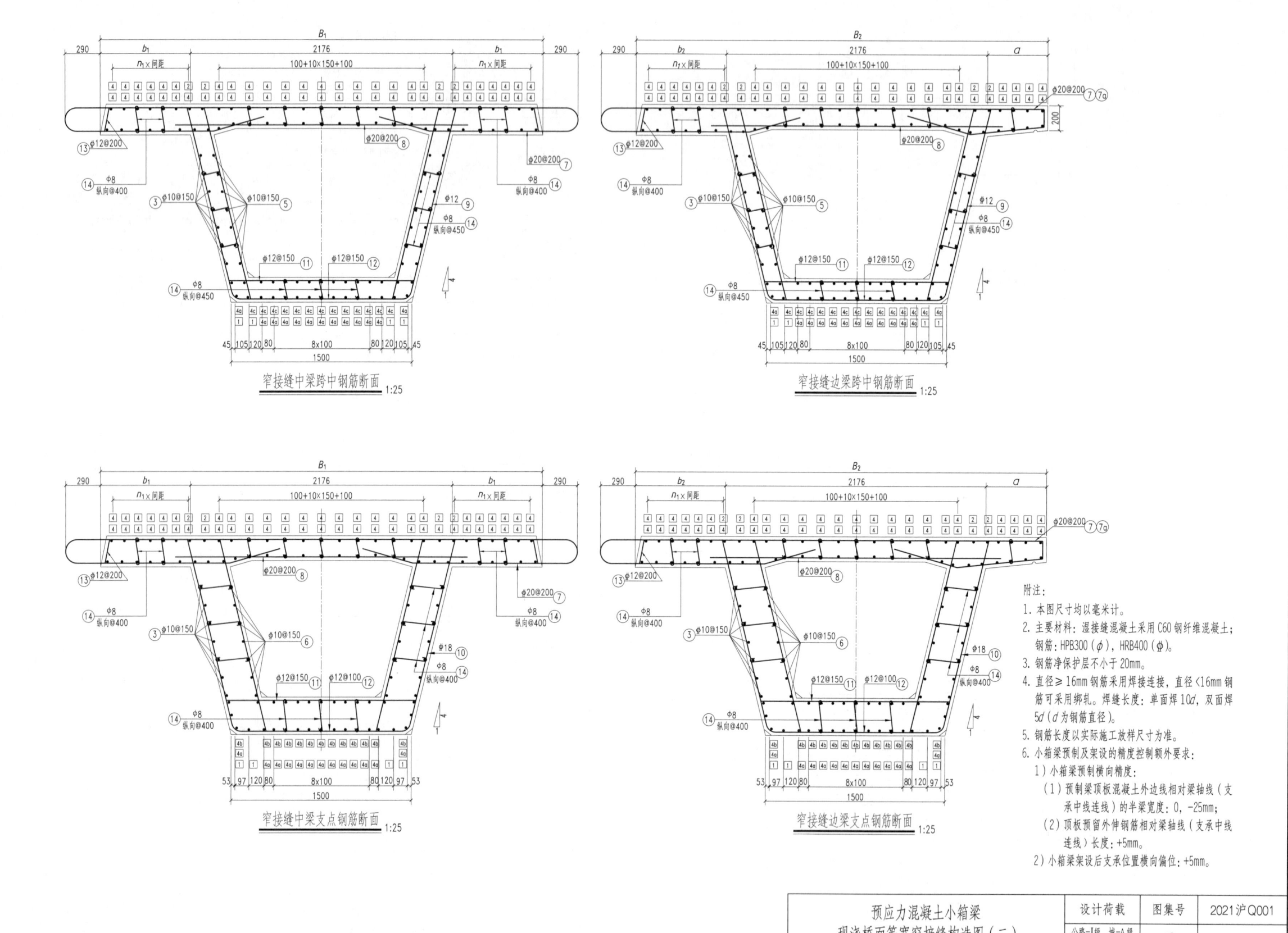

附录A 预制小箱梁梁底支座上垫块设计及施工方法

预制小箱梁支座上垫块是形成桥面纵横坡、传递上部荷载的重要部件，要求构造简单、密贴可靠、施工方便、质量可控，提供以下3种方法，供不同工程根据实际情况选择使用。

A.1 预制楔形找平钢板垫块（焊接固定）

详见：附图一 预应力混凝土小箱梁支座垫块构造（钢板找平）。

A.2 预制超高性能材料（UHPC）楔形找平垫块（粘结固定）

详见：附图二 预应力混凝土小箱梁支座垫块构造（UHPC垫块找平）。

A.3 现浇高性能水泥基灌浆料楔形找平垫块

详见：附图三 预应力混凝土小箱梁支座垫块构造（高性能水泥基灌浆料找平）。

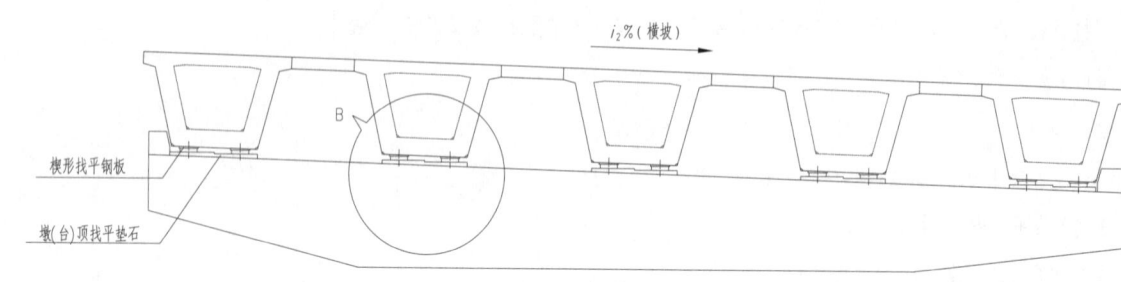

箱梁横断面布置示意 1:50

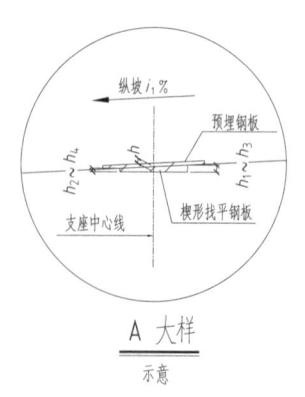

纵桥向梁端示意图

A 大样
示意

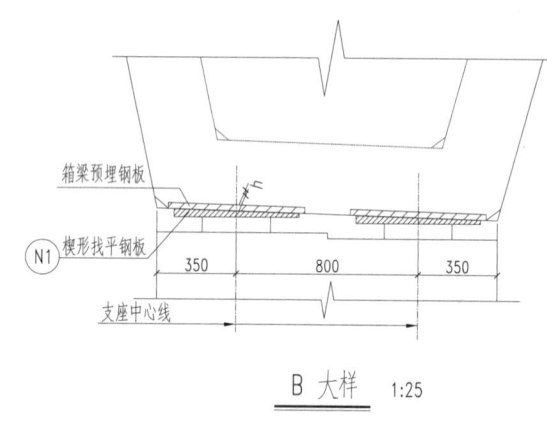

B 大样 1:25

表1 材料用量表（一片箱梁）

编号	构件名称	规格尺寸(mm)	数量	单件重量（kg）	总重（kg）	材料	备注
N1	楔形找平钢板	-25×550×550	4	59.37	237.46	Q235B	

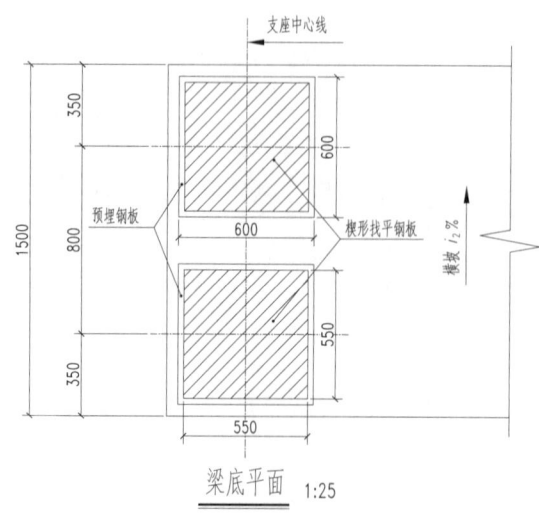

梁底平面 1:25

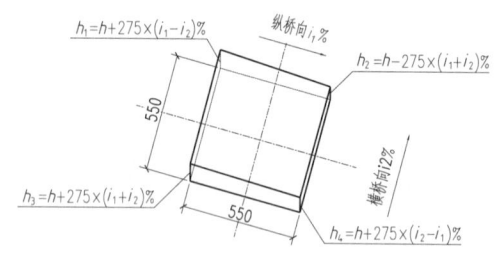

楔形找平钢板大样
示意

附注：
1. 本图尺寸均以毫米计。
2. 楔形找平钢板厚度根据桥梁纵、横坡度确定，平均厚度不小于25mm，最小厚度不小于10mm。
3. 图中纵坡i_1%为箱梁架设就位后结构底部纵坡，竖曲线范围内与道路设计纵坡不一致。当$i_1 \leq 0.5$%时，可按水平处理；当$i_1 > 0.5$%时，可按0.5%的间隔靠档整模数化，如采用1%、1.5%、2%等。
4. 梁底预埋钢板、楔形找平钢板尺寸可根据支座的选型作适当调整。
5. 楔形找平钢板采用锻压成型或铣销精加工制作，制作精度达到±0.5mm。
6. 箱梁底预埋钢板底面与箱梁混凝土底面齐平；楔形找平钢板采用周边焊与梁底预埋钢板连接，角焊缝的焊脚尺寸不小于8mm，应在箱梁预制出厂前完成；焊接过程中应确保垫板不位移、不变形，并保持底面水平。
7. 外露的预埋件金属部分均需涂环氧富锌底漆二道，面漆一道，总干膜厚度≥100μm；也可采用热浸锌方法，厚度不小于85μm。
8. 现场安装，如楔形找平钢板与墩台的支座垫石顶面有空隙，应采用薄钢板嵌实。
9. 本图适用于25m、30m、35m箱梁，应与有关图纸配合使用；当小箱梁斜交时，需根据角度大小、支座形式与尺寸、墩台栏置空间综合确定支座布置方向及预埋钢板、楔形找平钢板的尺寸。
10. 本图适用于公路-Ⅰ级、城-A级；公路-Ⅱ级、城-B级。

附图一 预应力混凝土小箱梁支座垫块构造（钢板找平）	设计荷载	图集号 2021沪Q001
	公路-Ⅰ级、城-A级 公路-Ⅱ级、城-B级	页 80

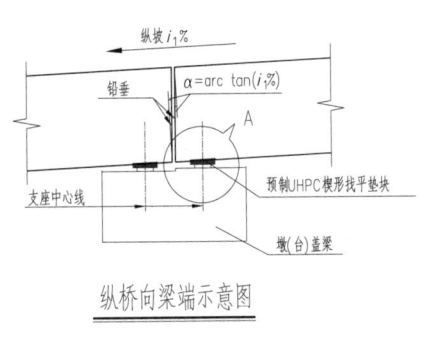
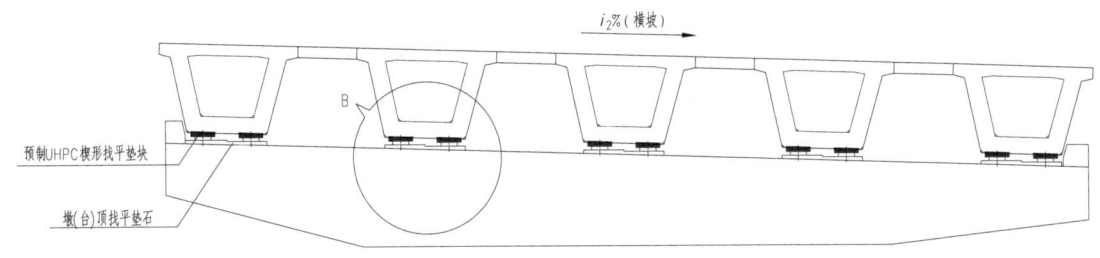
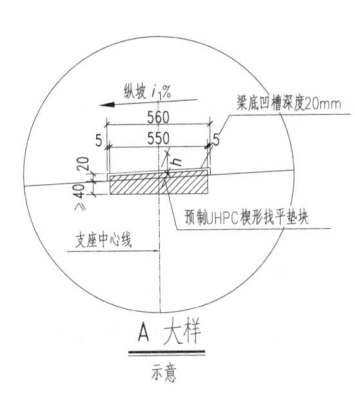
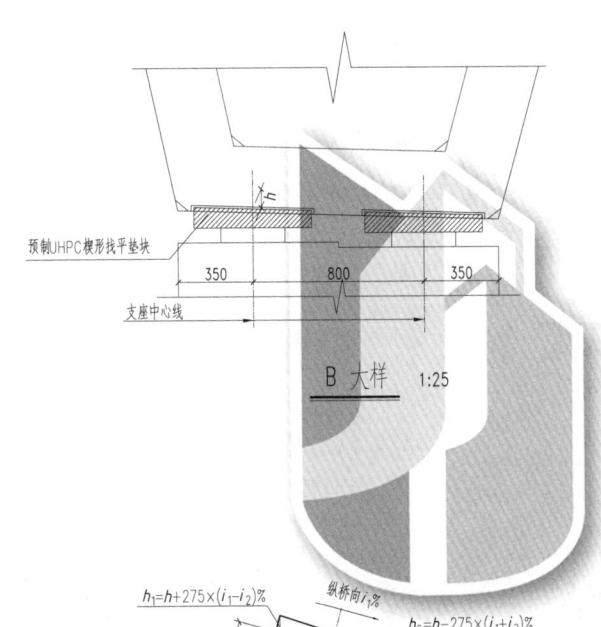
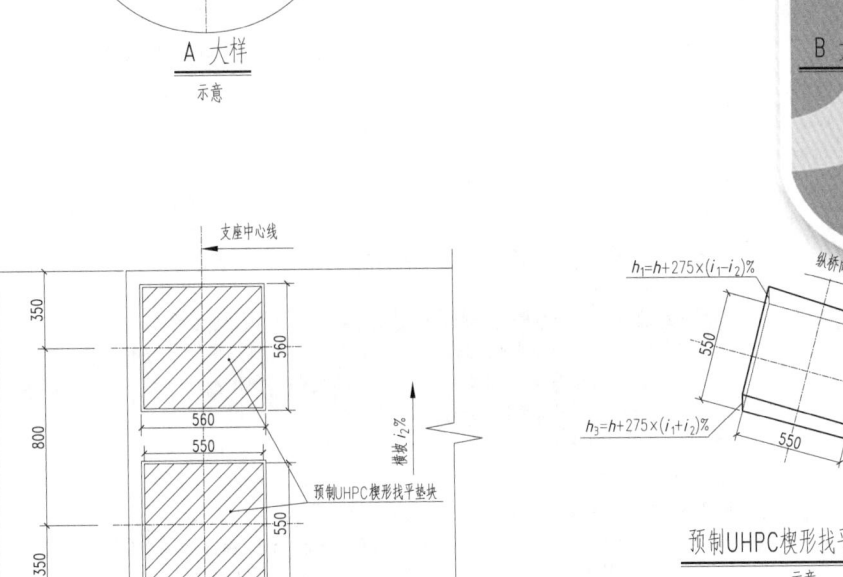

表1 UHPC材料性能指标

材料性能	指标
抗拉强度（MPa）	≥8
抗压强度（MPa）	≥120
弹性模量（GPa）	≥45
极限拉伸应变	≥0.2%

表2 黏结剂性能指标

性能项目		性能要求（A级胶）
胶体性能	抗拉强度（MPa）	≥30
	抗拉弹性模量（MPa）	≥3500
	抗弯强度（MPa）	≥45，且不得呈脆性破坏
	抗压强度（MPa）	≥65
	伸长率（%）	≥1.3
黏结能力	与混凝土的正拉黏结强度（MPa）	≥2.5

表3 材料用量表（一片箱梁）

编号	构件名称	规格尺寸（mm）	数量	单体体积（m³）	总体积（m³）
N1	预制UHPC楔形找平垫块	80×550×550	4	0.024	0.097

附注：
1. 本图尺寸均以毫米计。
2. 预制UHPC楔形找平垫块厚度根据桥梁纵、横坡度确定，最小厚度不小于60mm。
3. 图中纵坡 i_1% 为箱梁架设就位后结构底部纵坡，竖曲线范围内与道路设计纵坡不一致。当 $i_1 ≤ 0.5$% 时，可按水平处理；当 $i_1 > 0.5$% 时，可按 0.5% 的间隔靠档取整模数化，如采用 1%、1.5%、2% 等。
4. 梁底凹槽、楔形找平垫块尺寸可根据支座的选型作适当调整。
5. 预制梁底设20mm深度的凹槽，在楔形找平垫块接触面均匀涂刷黏结剂，与梁底可靠粘结固定。
6. 现场安装，如楔形找平垫块与墩台的支座垫石顶面有空隙时，应采用薄钢板嵌实。
7. 本图适用于25m、30m、35m箱梁，应与有关图纸配合使用；当小箱梁斜交时，需根据角度大小、支座形式与尺寸、墩台搁置空间综合确定支座布置方向及梁底凹槽、楔形找平垫块的尺寸。
8. 本图适用于公路-Ⅰ级、城-A级；公路-Ⅱ级、城-B级。

附图二 预应力混凝土小箱梁支座垫块构造（UHPC垫块找平）	设计荷载	图集号	2021沪Q001
	公路-Ⅰ级、城-A级 公路-Ⅱ级、城-B级	页	81

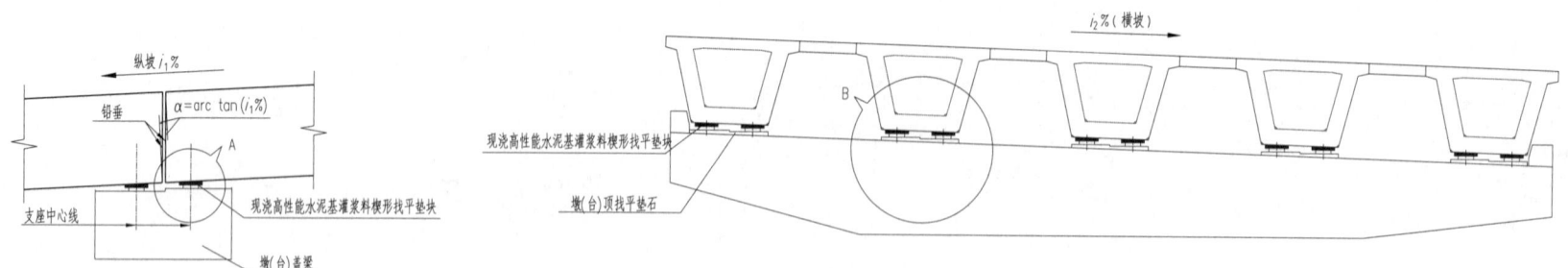

纵桥向梁端示意图

箱梁横断面布置示意 1:50

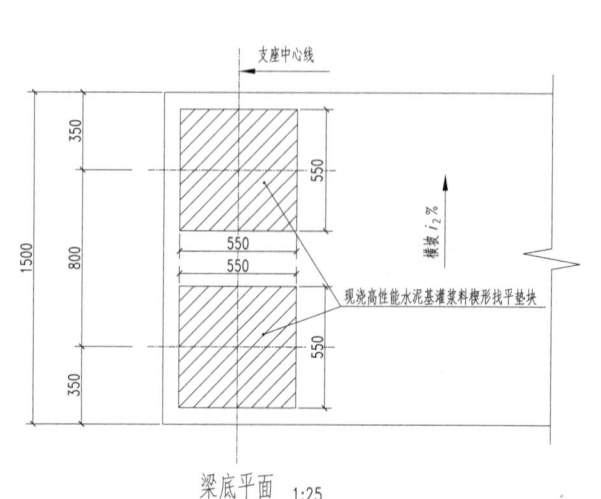

A 大样
示意

B 大样 1:25

C-C 1:25

梁底平面 1:25

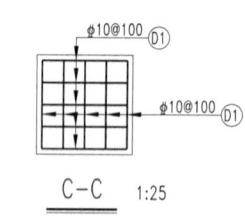

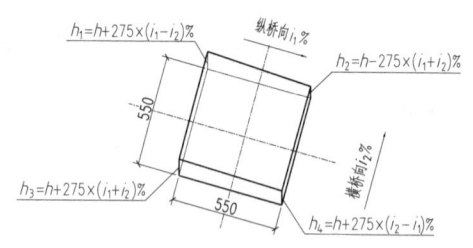

现浇高性能水泥基灌浆料楔形找平垫块大样
示意

$h_1 = h + 275 \times (i_1 - i_2)\%$
$h_2 = h - 275 \times (i_1 + i_2)\%$
$h_3 = h + 275 \times (i_1 + i_2)\%$
$h_4 = h + 275 \times (i_2 - i_1)\%$

表1 高性能水泥基灌浆料性能指标

项目		性能指标
抗压强度（MPa）	1d	≥30
	3d	≥50
	28d	≥80

表2 钢筋用量表（1片箱梁）

编号	略图	直径(mm)	每根长(mm)	根数(根)	总长(m)	单位重(kg/m)	总重(kg)
D1	500/100/500/100	φ10	1400	40	56	0.617	34.552

小计: 钢筋：34.552kg 高性能水泥基灌浆料：0.097m³（按h=80mm计）

附注：
1. 本图尺寸均以毫米计。
2. 主要材料：高性能水泥基灌浆料，符合《水泥基灌浆材料应用技术规范》GB/T 50448-2015的要求；钢筋：HPB300（φ），HRB400（φ）。
3. 现浇高性能楔型找平垫块厚度根据桥梁纵、横坡度确定，最小厚度不小于60mm。
4. 图中纵坡 i_1‰ 为箱梁架设就位后结构底部纵坡，竖曲线范围内与道路设计纵坡不一致。当 $i_1 ≤ 0.5\%$ 时，可按水平处理；当 $i_1 > 0.5\%$ 时，可按0.5%的间隔靠档取整模数化，如采用1%、1.5%、2%等。
5. 现浇楔形找平垫块尺寸可根据支座的选型作适当调整。
6. 钢筋净保护层不小于20mm。
7. 垫块浇筑应保密实。
8. 现场安装，如楔形找平垫块与墩台上的支座垫石顶面有空隙，应采用薄钢板嵌实。
9. 本图适用于25m、30m、35m箱梁，应与有关图纸配合使用；当小箱梁斜交时，需根据角度大小、支座形式与尺寸、墩台搁置空间综合确定支座布置方向及楔形找平垫块的尺寸。
10. 本图适用于公路-Ⅰ级、城-A级；公路-Ⅱ级、城-B级。

附图三 预应力混凝土小箱梁 支座垫块构造（高性能水泥基灌浆料找平）

设计荷载：公路-Ⅰ级、城-A级；公路-Ⅱ级、城-B级
图集号：2021沪Q001
页：82

附录B 预制小箱梁端横梁、跨中横隔板钢筋预留及连接施工方法

根据小箱梁预制工艺，为重复利用模板，方便内模抽出，纵梁与端部内横梁一般分两次浇筑；同时由于端部外横梁、跨中外横隔板的存在，当外模采用整体钢模时，也需要分两次浇筑完成。由于二次浇筑，需要钢筋预留后再连接。

本附录对于钢筋留置、连接方法及横梁、横隔板的施工工艺给出参考方案。

B.1 钢筋留置、连接方法

钢筋穿过腹板与横梁或横隔板的连接、钢筋与顶底板的连接，可采用如下方法：

1）腹板预留外大内小锥形孔道，后穿钢筋连接箱内、箱外横梁，要求孔道最小直径达到穿孔钢筋直径的2倍，确保混凝土浇筑过程中将空隙充满，纵梁浇筑时需注意孔道的封堵。

2）对于直径大于16mm的钢筋，采用机械连接，预留连接器，应确保连接器的预埋精度。

3）盒保护法，预先弯折，待拆模后将弯折钢筋复原，与内、外横梁或横隔板钢筋连接。

对于端横梁的横向钢筋连接，推荐上述第一种方法。

详见：附图 预应力混凝土小箱梁端横梁、跨中横隔板钢筋预留方法。

B.2 不同桥梁横梁、横隔板的施工推荐方案

对于正交桥，推荐方案：内、外横梁及横隔板，厂内预制；湿接段，现场浇筑。这一方案主要是基于将现场施工工作量降到最少。

对于斜交桥，推荐方案：内横梁、内横隔板，厂内预制；外横梁、外横隔板及湿接段，现场浇筑。这一方案主要是基于保证箱外横梁、横隔板的线型及整体性。

施工单位可根据工程实际条件对箱外横梁、横隔板采用部分或全部现场浇筑的方法。

B.3 钢筋机械连接施工及性能要求

钢筋机械连接接头等级必须达到Ⅱ级及以上，施工及性能应符合《公路桥涵施工技术规范》JTG/T 3650—2020、《钢筋机械连接技术规程》JGJ 107—2016的相关规定。

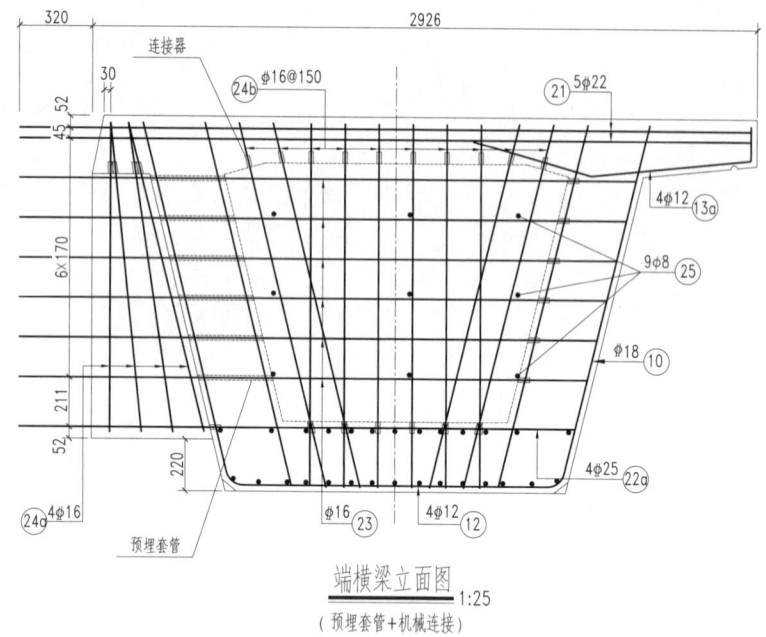

端横梁立面图 1:25
(预埋套管+机械连接)

表1 材料用量表(预埋套管+机械连接)(一个端横梁)

连接方式		个数(中梁)	个数(边梁)
连接器	φ16	56	60
	φ25	8	4
预埋套管		24	12

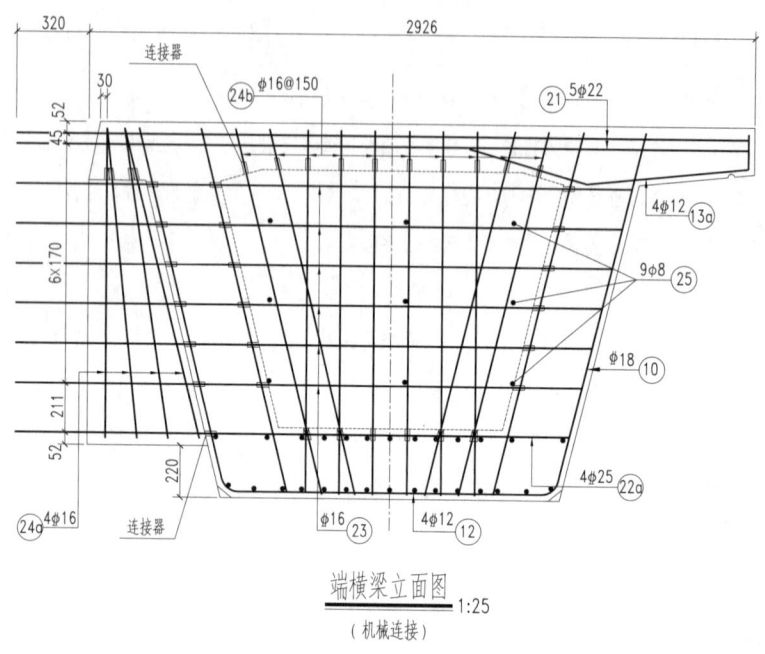

端横梁立面图 1:25
(机械连接)

表2 材料用量表(机械连接)(一个端横梁)

连接方式		个数(中梁)	个数(边梁)
连接器	φ16	104	84
	φ25	8	4

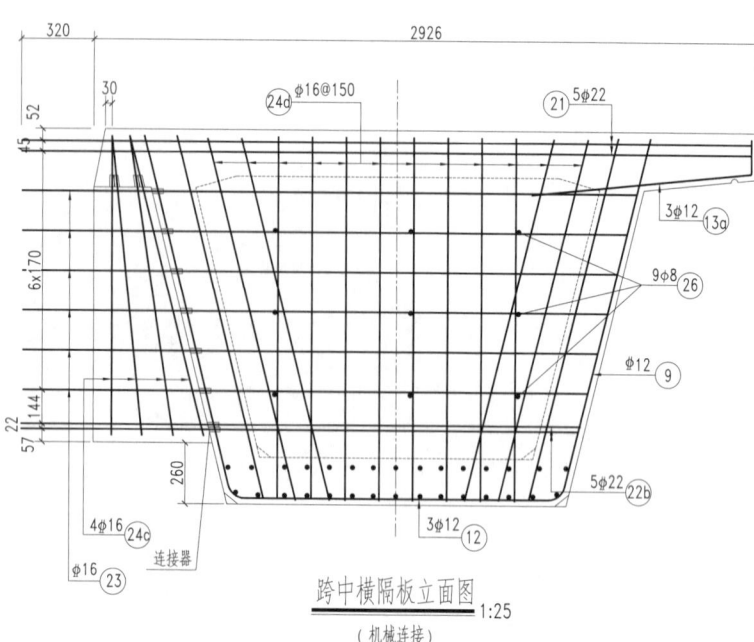

跨中横隔板立面图 1:25
(机械连接)

表3 材料用量表(机械连接)(一个跨中横隔板)

连接方式		个数(中梁)	个数(边梁)
连接器	φ16	40	20
	φ22	10	5

附注:
1. 本图尺寸均以毫米计。
2. 本图以30m跨径小箱梁为例,25m、35m跨径小箱梁参照执行。
3. 本图断面仅示出边梁,中梁可参照边梁内侧钢筋布置。
4. 预埋套管连接时,腹板预留外大内小锥形孔道,后穿钢筋连接箱内、箱外横梁,要求孔道最小直径达到穿孔钢筋直径的2倍,确保混凝土浇筑过程中将空隙充满,纵梁浇筑时需注意孔道的封堵。
5. 采用机械连接时,预留连接器,应确保连接器的预埋精度。
6. 钢筋机械连接接头等级必须达到Ⅱ级及以上,施工及性能应符合《公路桥涵施工技术规范》JTG/T 3650-2020、《钢筋机械连接技术规程》JGJ 107-2016 的相关规定。
7. 本图适用于公路-Ⅰ级、城-A级;公路-Ⅱ级、城-B级。

附图 预应力混凝土小箱梁 端横梁、跨中横隔板钢筋预留方法

设计荷载: 公路-Ⅰ级、城-A级 公路-Ⅱ级、城-B级

图集号: 2021沪Q001

页: 84

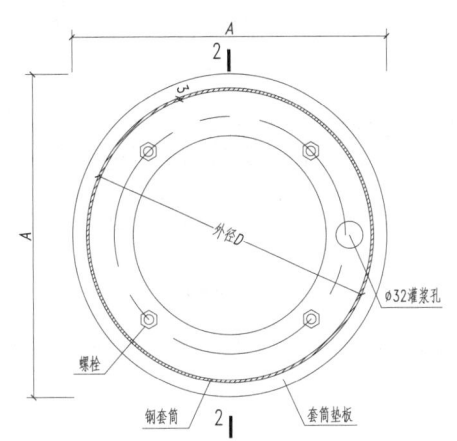

1--1
(钢绞线未示)

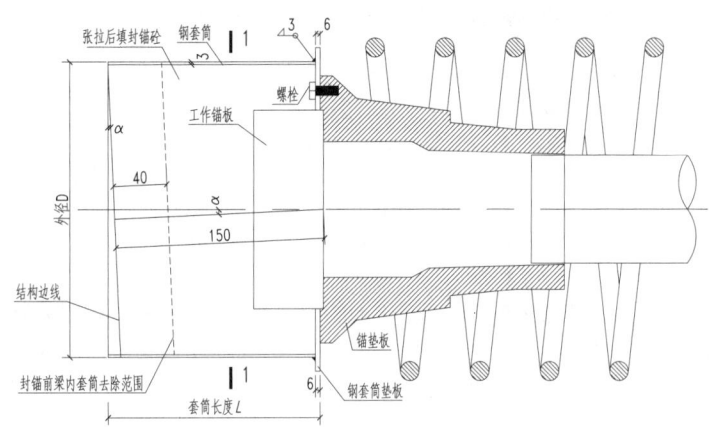

2--2

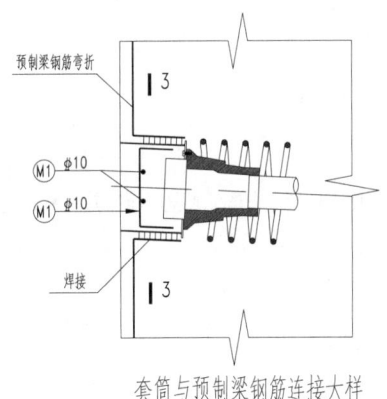

套筒与预制梁钢筋连接大样

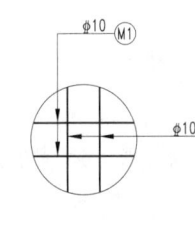

3--3

小箱梁深埋锚套筒及套筒垫板参数表

锚具类型	参数(mm)			单件重(kg)	M10×35螺栓(个)
	L	A	D		
YJM15-12	150/cosα+D×tanα/2	266	254	(3DL+1.5A²)×π×7850/10⁹	4
YJM15-9	150/cosα+D×tanα/2	252	240	(3DL+1.5A²)×π×7850/10⁹	4
YJM15-7	150/cosα+D×tanα/2	226	214	(3DL+1.5A²)×π×7850/10⁹	4
YJM15-5	150/cosα+D×tanα/2	226	214	(3DL+1.5A²)×π×7850/10⁹	4

附注：
1. 本图尺寸均以毫米计。
2. 锚具安装孔孔距及套筒中心长度由现场放样确定。深埋锚套筒及套筒垫板构造尺寸可根据实际采购的产品进行调整。需注意钢绞线工作长度是否满足张拉要求。
3. 钢材采用Q235B，套筒采用壁厚3mm的钢板卷焊成型或无缝钢管，符合《结构用无缝钢管》GB/T 8162—2018，套筒垫板采用厚度6mm钢板。
4. 套筒垫板与锚垫板之间采用4个M10×35螺栓连接，连接前应先在锚垫板上攻丝并在套筒垫板相应位置上打孔。套筒与底板间距如太小而无法放置螺栓，可适当调整螺栓位置，但应保证螺栓对称布置。
5. 因套筒截断的箱梁钢筋应弯折后与套筒焊接，单面焊10d，双面焊5d(d为钢筋直径)。
6. 浇注混凝土前应封堵套筒，且保证套筒与模板的可靠连接，防止混凝土进入套筒内。预应力钢束张拉后，应沿套筒端部切割，严禁电弧、火焰切割。为防止锈蚀影响箱梁外观，封堵前应采取措施，保证套筒的混凝土保护层≥40mm。
7. 预应力埋入式锚头宜采用微膨胀C50细石混凝土封端，其水胶比不得大于梁体混凝土的水胶比，且不应大于0.4；保护层厚度不应小于50mm。

钢筋用量表(单个锚具)

编号	略图	直径(mm)	每根长(mm)	根数(根)	总长(m)	单位重(kg/m)	总重(kg)
M1	 120 250 120	φ10	490	4	1.96	0.617	1.209
小　计：	钢筋：1.209kg						

附录C 预应力混凝土小箱梁深埋锚锚具、套筒及套筒垫板构造图	设计荷载	图集号	2021沪Q001
	公路-I级、城-A级 公路-II级、城-B级	页	85

附录 D 预制小箱梁边梁带防撞护栏整体安装的设计及施工方法

边梁带防撞护栏整体预制安装是基于提升预制装配率、简化现场工序、保证工程质量、提高施工效率,推广全面快速施工技术。

相比传统的现场架梁后浇筑防撞护栏施工方法,边梁带防撞护栏整体预制吊装,对设计、施工都有不同的要求。

D.1 设计

D.1.1 结构验算

1)预制阶段

小箱梁预制阶段,与传统防撞护栏现场浇筑施工方式不同,防撞护栏在预制场时已与小箱梁边梁联结成整体,单片边梁进行短暂状况构件应力验算时需计入防撞护栏的重力。

2)成桥阶段

传统防撞护栏现场浇筑方式,防撞护栏的重力作为二期恒载横向分布于多片箱梁。边梁带防撞护栏预制并架设后,防撞护栏重力全部作用在边梁,中梁不分配防撞护栏重力。

3)刚度影响

经分析计算,护栏刚度对小箱梁截面刚度有影响,存梁60d的上拱比传统施工方法有利,但成桥后两种施工方法的上拱值趋于一致。

D.1.2 构造设计

1)断缝设置

建议每隔10~15m设置一道通缝,缝宽约5mm。如采用切缝,切至桥面铺装顶面以上50mm。

2)附属设施

防撞护栏相关附属设施包括:照明、监控预留管道及接线箱;照明、监控、交通安全设施预设背包、基础;声屏障基础;伸缩装置安装预留槽;桥面排水集水井开口等。

施工图设计阶段,上述相关预埋件的尺寸、位置均应同步设计,确保施工时预留到位。

D.2 施工

D.2.1 线形控制

成桥后防撞护栏线形应与道路线形一致、顺畅美观,具体要求如下:

1)当道路平曲线、竖曲线叠加时,建议采用空间坐标系,建立防撞护栏曲线模型。

2)防撞护栏立面端部成桥后应铅垂大地,包括伸缩缝、连续缝处,跨间断缝成桥后也应铅垂大地。

3)立模需考虑桥梁横坡影响,成桥后防撞护栏断面铅垂大地,如图D.2.1-1和图D.2.1-2所示。

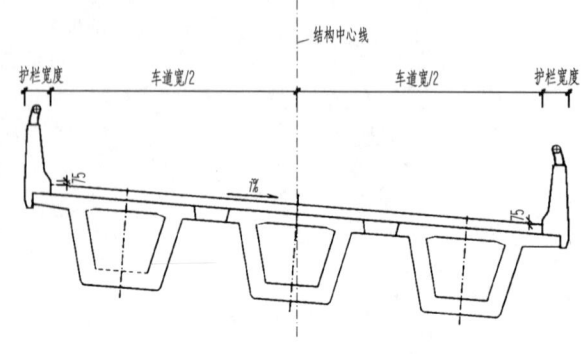
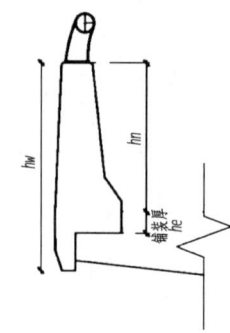

图 D.2.1-1 桥梁横断面示意图   图 D.2.1-2 防撞护栏断面尺寸示意图

4)防撞护栏外侧高度(h_w)等高,内侧防撞护栏顶与成桥后铺装顶之差(h_n)等高。铺装不等厚时,需根据此原则对相关尺寸进行调整。

5)防撞护栏外侧高度(h_w)下缘应能遮挡小箱梁悬臂端部,尤其当悬臂外形变化采用等斜率或等厚形式时,注意按悬臂的端部厚度控制 h_w。

D.2.2 附属构造

防撞护栏预制施工时,应根据设计图纸,做好防撞护栏内部管道、背包、接线箱、声屏障基础、伸缩缝预留槽口、桥面排水集水口等附属设施预埋件的预留。

D.2.3 精度控制

按照《公路工程装配式施工质量验收评定标准》DG/TJ 08—2250—2017执行。

D.2.4 安全控制

预制、存梁、运输、吊装各环节均要注意小箱梁带防撞护栏后的偏心影响,合理设置抗倾覆措施。吊点设置必须可靠,严禁捆吊。

D.3 验收

按照《公路工程装配式施工质量验收评定标准》DG/TJ 08—2250—2017执行。